辽宁省教育厅高校学术专著出版基金资助

ZHONGGUO ERTONG YU QINGSHAONIAN
CHENGXINGUAN FANZHAN YANJIU

中国儿童与青少年诚信观发展研究

傅维利　刘　磊
李德显　王　丹◎著

北京师范大学出版集团
BEIJING NORMAL UNIVERSITY PUBLISHING GROUP
北京师范大学出版社

图书在版编目(CIP)数据

中国儿童与青少年诚信观发展研究 / 傅维利，刘磊，李德显，王丹著. —北京：北京师范大学出版社，2017.1
ISBN 978-7-303-21481-5

Ⅰ. ①中… Ⅱ. ①傅…②刘…③李…④王… Ⅲ. ①儿童教育－社会公德教育－研究－中国②青少年教育－社会公德教育－研究－中国 Ⅳ. ①D648.3

中国版本图书馆 CIP 数据核字(2016)第 261770 号

营 销 中 心 电 话 010-58805072 58807651
北师大出版社学术著作与大众读物分社 http://xueda.bnup.com

出版发行：北京师范大学出版社 www.bnup.com
北京市海淀区新街口外大街 19 号
邮政编码：100875
印 刷：北京东方圣雅印刷有限公司
经 销：全国新华书店
开 本：730 mm×980 mm 1/16
印 张：10.75
字 数：210 千字
版 次：2017 年 1 月第 1 版
印 次：2017 年 1 月第 1 次印刷
定 价：45.00 元

策划编辑：马洪立 责任编辑：王 宁 王 亮 陈 阳
美术编辑：王齐云 装帧设计：王齐云
责任校对：陈 民 责任印制：马 洁

前　言

诚信在社会主义核心价值观中处于十分重要的地位，在党和政府特别重视社会主义价值观和中华传统美德教育的当代，在理论上厘清诚信观的构成特征，并形成可靠的测量工具；在实践上准确把握我国不同年龄和性别的儿童与青少年诚信观的现实特征和发展规律，并提出有针对性的教育和改善对策，对有力推进社会主义核心价值观和中华传统美德进教材、进教室、进人心工程，改革学校的道德教育和构建诚信社会，无疑具有十分重要的理论意义和实践价值。

本书是由傅维利教授主持的国家社科基金项目“关于我国儿童、青少年‘诚信观’状况的调查分析及改善对策的研究”的核心研究成果。在研究中，课题组注意到，以前我国关于诚信问题的研究，多数停留在理论分析和小样本的调查上，这使得党和政府无法在全国范围内全面了解我国儿童与青少年诚信观发展的现实状况，也难以拿出针对性的教育对策和连续跟踪监测方案。如何有所突破，是党和政府，特别是各级各类教育部门一直关注的重大理论和实践问题。

解决这一重大问题的难点有如下四个方面。

第一，如何提出具有鲜明时代特征的新的诚信观定义和清晰的具有操作性的分析结构。

第二，如何研制具有良好科学性、可靠性、稳定性和适应性的测量问卷，从而为连续监测我国儿童与青少年诚信观的现实状况和发展变化特征提供可靠的测量工具和基准。

第三，如何在复杂的超过 30 万个的数据中，运用科学的方法和严谨可靠的分析结构，概括出当代我国儿童与青少年诚信观发展的现实特征。

第四，如何根据现实社会条件和学校的教育能力提出有针对性的教育对策。

经过 5 年时间的艰苦攻关，课题组采用理论建构、问卷研制、问卷调查和访谈，以及规范的数据处理和分析等一系列方法，不仅突破了上述难题，而且在多个方面取得了创新性研究成果。特别在构建诚信观分析结构、厘清当代我国儿童与青少年诚信观发展特征和确定儿童与青少年诚信观教育的关键期三个方面，取得了前人多年尝试但始终没有实现的重大突破。

一、研究团队在全面梳理和深入分析东西方有关诚信定义的基础上，富有创见地提出了新的诚信定义。

“诚信是主体按其主观意愿，在做出主观判断的基础上，真实地表达客观事实及其主观判断，做出相应的承诺，并按此践行的一种道德规范或品质。”

这个新定义的创新之处在于以下三个方面。

其一，首次将主体感受到的事实和主观的价值判断均作为“诚”的重要内容，并将它们划分为“隐性”和“显性”两类，这样不仅丰富了“讲真话”的内涵，使之更符合现代人在诚信方面的表现特征，而且为判断诚实的发展水平提供了清晰的理论依据。

其二，首次清晰地标明“信”发生的两个基本条件和两类不同性质的守信行为，从而揭示了“守信”的连续性特征及高于“诚实”的关键之处，这为划分和甄别守信的发展水平提供了清晰的理论依据。

其三，首次揭示诚信在当代逐渐演变成一个整体的内在依据，从而明确了传统诚信观与现代诚信观的关键区别标准。在现代社会中，人们已经把诚实作为“信”真正实现的基本前提。在“信”逐次发生的链条中，存在前后相继的两个必要环节，即判断→承诺和承诺→践行。在第一个环节中，行为主体实际上存在两种选择：一是按其主观意愿真实地表达主观判断；二是迫于环境压力违心地表达主观判断。显然，前一种“诚”处于较高级发展阶段。如果没有这种较高级的“诚”，即行为主体所做出的承诺并不是其主观愿望的真实表述，那么“信”发生的一致性链条的第一个环节就会被扭曲，随后“信”的行为也很容易中断。所以，在现代意义的诚信观中，人的真实判断与其真实意愿应当是高度一致的。这也正是现代诚信观的进步所在，是现代诚信观与传统诚信观的主要区别点。

二、依据新的诚信定义，并在反复比照个体处理诚信问题的心理过程的基础上，在国内外首次完整地提出了由三个方面构成的有关诚信观的基本分析结构。

在这一方面，绝大多数的研究者都把诚信观作为分析的最小单位，因而无法透视诚信观对诚信行为影响的复杂性。本项研究构建的分析结构包括了对诚信内容的把握、对诚信标准的把握、对诚信价值的把握三个方面，并将第二个方面又细分为对己、对他两个基本范畴和对象维度、利益预期维度、频度维度和情境约束维度。这个结构的创新之处主要表现在两个方面。

其一，具有很高的解释力和完整性。在对我国东北、东南、西北和中部的近 6000 名适龄儿童与青少年进行问卷调查或访谈时，运用这个分析结构进行分析，能够纳入和解释儿童与青少年在真实诚信事件中遇到的几乎所有的诚信观问题。具有如此高的解释力和分析完整性，在之前国内外所能查阅到的有关分析结构的研究成果中尚未看到。

其二，具有鲜明的可操作性。这个分析结构能顺利地转化为测量问卷和访谈提纲，这为课题组顺利完成国家社科基金项目“关于我国儿童、青少年‘诚信观’状况的调查分析及改善对策的研究”提供了重要理论支撑和展开原点，同时为重新构建充满新意的学校诚信教育策略提供了重要的理论依据。

三、研制出具有很好信度、效度水平，并具有很高适用性和稳定性的诚信问卷，这为在全国范围内每隔若干年测量一次我国儿童与青少年诚信观的现时状况、发展水平和时代差异，提供了可靠的测量工具。

这个问卷有如下三个特点。

其一，具有很好的信度、效度水平，从而在基础测量工具方面保证了调查的科学性和可靠性。

其二，具有很好的本土性和文化适应性。这个问卷改变了我国类似的问卷多数是引用国外相应问卷的状况，按照中国儿童与青少年的道德认识特点和中国文化具象思维特征较为突出的特点，设计了较多的情境性问题，从而使问卷能更真实地反映中国儿童与青少年的诚信观的现实特征和发展水平。

其三，具有很好的稳定性。问卷设计的问题既考虑了我国儿童与青少年的现实水平和当代社会的时代特征，也考虑了在未来进行连续跟踪测量的适用性问题，因而设计的绝大多数问题具有很好的稳定性，这为党和政府进行连续跟踪监测提供了技术上的可能。

2008 年 9 月至 2009 年 10 月，课题组在辽宁省、河南省、甘肃省、广东省等地分别选取小学二年级、四年级、六年级以及初中二年级和高中二年级共5824名学生样本，分别以团体测试的方式进行问卷调查。其中男生2856人，女生2726人，另有242个性别选项上的缺失数据。问卷调查涉及人数接近6000人，处理相关数据近30万个。

问卷测试采用了负面影响屏蔽的方式，即在全国各地每一个测试点均由课题组人员亲自到场测试。在大样本的测量中保证此种等级的控制水平，在国内是极为少见的。测试结果表明，这个问卷具有很好的科学性、可靠性、适应性和稳定性。

四、研究团队通过数据处理和深入分析，在国内外首次系统地提炼和概括了中国儿童、青少年诚信观的六大总体特征。

第一，中国儿童、青少年基本上能够准确把握诚信的含义，但是接近半数的中小学生无法理解诚信与个人生活幸福的内在关联，仅能认识到诚信品质对于社会发展的现实意义。

第二，中国儿童、青少年在诚实和守信这两个道德品质的对己、对他两个范畴上均表现出极其显著的差异性。学生在诚实品质方面，对自己要求高，对他人不关注；在守信品质方面，对他人要求高，对自己要求低。这充分表明中小学生对己、对他两个范畴上诚信标准的不一致性。

第三，在诚实观上，男女学生的对己诚实观存在显著的性别差异，女生高于男生，在对他诚实维度上不存在显著的性别差异；在守信观上，中小学生不存在显著的性别差异。这一结论反映出男生对自己的诚实要求有偏低的倾向。

第四，中国儿童、青少年在诚信对象的选择上，具有依亲情的亲疏程度选择个人诚信对象的倾向性，这说明当前我国中小学生还没有把诚信作为协调整个社会人际行为的普遍性道德规范。

第五，儿童、青少年无论是在诚实观方面，还是在守信观方面，都随着父母亲学历的不同而表现出显著的差异性，并在总体趋势上，有随着父母亲学历的升高，其诚信观的认识水平逐渐提高的趋势。

第六，儿童、青少年认知性诚信观与意向性诚信观存在一定的不一致性。由于意向性诚信观是指个体对具体社会情境中的诚信行为的标准或价值的看法，它与个体在现实社会情境中的诚信行为联系更为紧密，因而它说明我国中小学生在诚信认知与诚信行为之间存在着差异性。

五、研究团队用精确的数据和严谨的分析，在国内外首次揭示了现阶段中国儿童与青少年诚信观在年龄方面的发展曲线和主要特征。

第一，中国儿童、青少年对诚信内涵的理解呈现明显的年级特点。具体而言，从小学二年级到小学六年级，儿童对诚信内涵的理解呈现明显的不间断性增强态势，从小学六年级之后，儿童、青少年对诚信内涵的理解日趋稳定。小学六年级、初中二年级和高中二年级学生对诚信含义的理解没有统计学意义上的显著差异。

第二，中国儿童、青少年对诚信价值认识的拐点出现在小学四年级，因此可以初步认定，小学四年级至五年级是学生诚信观发展和教育的重要时期或关键期。研究发现，小学二年级至小学四年级儿童对诚信价值的重视程度不断提高，五个年级中，小学四年级学生对诚信价值的重视程度达到最高点，此后儿童、青少年对诚信价值的重视程度日渐下降。

第三，不同年龄阶段的儿童、青少年对诚信价值有着不同的理解。随着年级的增长，中国儿童、青少年对诚信价值的关注点逐渐由自身成长的外在环境转向个人良心的内在诉求。

第四，中国儿童、青少年诚信行为总体评定标准也呈现出明显的年级特点。具体而言，小学二年级到小学四年级学生的诚信行为评定标准不断攀升，小学四年级达到顶峰，之后随着年级的提高，儿童、青少年诚信行为评定标准反而逐年下降，高中二年级学生呈现出五个年级的最低水平。

第五，中国不同年级的儿童、青少年内心存在着“对己”和“对他”两套诚信行为评定标准。从小学二年级到高中二年级，五个年级学生的“对己”诚实评定标准普遍高于“对他”诚实评定标准，而“对他”守信评定标准又均高于“对己”守信评定标准。

六、依据中国儿童与青少年诚信观的时代特征和发展水平，有针对性地提出了推进中国中小学生诚信观健康发展的若干教育建议，特别在中小学生诚信观发展关键期的建议，在国内外均属首次，有重要的突破意义。

这些建议主要有如下几个方面：

第一，恰当地把握诚信教育的顺序。

第二，把建立充满信任的教育和生活环境作为诚信教育的重要起点。

第三，把价值提升、标准构建和行为形成作为诚信教育的重点。

第四，抓住小学四年级这个儿童与青少年诚信观发展的关键时期，在《道德与法制》课程标准和教材的设计上，给予诚信教育更多的分量，同时学校和家庭应在这个阶段有计划地安排更多的有关诚信教育的校内外活动。

第五，建议以学校为主导，逐步建立起家校协同联动的诚信教育机制。

第六，针对儿童、青少年在诚信对象选择上具有依血缘和感情亲疏程度选择个人诚信对象的诚信观发展特征，学校应开展更多的面向社会的活动，如志愿者和各种公益活动，帮助学生把诚信当作协调整个社会人际行为的普遍道德原则。

这些教育建议和对策，基于全国范围内较大样本的数据分析，具有很强的针对性。

本书分上、中、下三部分：上篇主要介绍诚信观的构成及对诚信教育的启示；中篇主要介绍中国儿童、青少年诚信观的发展现状；下篇主要介绍中国儿童、青少年诚信观的发展特点。

目录

上　篇

诚信观构成的理论分析及对诚信教育的启示

纵观人类文明历史，各国各民族在探索和发展中都留下了宝贵的物质和精神财富。在这种背景下，系统总结国内外对诚信及其相关教育问题的研究成果，提出我国学者对诚信观构成的基本观点，对我们构建一个以社会主义核心价值观为主导的诚信社会，并有效地推进学校的诚信教育，具有十分重要的意义。

一、国内对诚信问题的研究

诚信是中华民族的一项传统美德，千百年来，诚信作为一项重要的道德规范，一直被世人所遵守和颂扬。在我国源远流长的文明史中，也不乏学者对诚信和诚信教育的研究。如孔子认为“人而无信，不知其可也”①。孟子认为“诚者，天之道也；思诚者，人之道也”②。管子认为“诚信者，天下之结也”③。此外，曾参杀猪取信于子，商鞅立木为信，“狼来了”和“捧着空花盆的孩子”等故事更被世人所津津乐道。这些明训不仅是中国历来注重诚信道德的一种折射，更是诚信作为中华民族的传统美德之一，不断地加以传承与发扬的印证。

但是，近年来，由于历史和现实等多种因素的影响，在我国经济和社会生

① 《论语·为政》。

② 《孟子·离娄上》。

③ 《管子·枢言》。

活中背信弃义、弄虚作假等不诚信行为日益滋生，失信现象时有发生。“诚信危机”不仅已经成为制约我国市场经济快速、持续、健康发展的巨大障碍，而且也成为和谐社会中的一个不和谐的隐患。更为严重的是，“诚信危机”业已渗透到了社会生活的很多方面，而且还无情地侵蚀着众多儿童、青少年的心智。学生欺骗老师、欺骗家长、欺骗同学，考试作弊，找人代写作业等现象时有发生。因此，我国的“诚信危机”不仅是一场经济危机，更是当代道德生活的危机，是学生道德成长的危机。

基于我国当前面临的严重的“诚信危机”，我们有必要重提诚信，重提诚信教育的重要性，尤其是深入研究中国传统文化中诚信的内涵及诚信品格的培养等问题，这将为我们在新时期重塑诚信的价值追求和构建充满活力的诚信教育提供坚实的理论基础。

(一)国内关于诚信的概念研究

1. 诚信概念的辞源学梳理

诚信作为基本的道德规范，在人类思想史上一直占据着重要的位置。根据有关学者的研究，“诚信”一词的产生，孕育于商朝晚期至春秋时期，形成于战国时期。① “诚信”一词最早见于《商君书·靳令》②，但在当时战火纷飞、各国竞相争霸、尔虞我诈的年代，作者仅把其作为在当时难以实现的六种空谈之一，对其价值的评价并不高。从思想渊源上看，对我国影响深远的儒家文化一直崇尚诚信，并以诚信作为“修身、齐家、治国、平天下”的根基。例如，《大学》是我国文化史上第一篇集中论述儒家诚信思想的作品，在传统的“为民父母”政治思想的基础之上，提出了修身以诚为本，治国以修身为本的治国理念和自我培育与上行下效的诚信教育模式。③ 但是，在中国的古典伦理中，“诚”与“信”合用还是比较少见的。在传统的道德理念中，“诚”与“信”是既具有同一性，又存在较大差异性的辩证统一体。所谓的“同一性”是指“诚”“信”虽然有多种解释，但其基本含义都是真实不欺，如“诚”作为一般概念，具有真心实意、无妄不欺的意思，既不自欺，也不欺人，而“信”的基本含义是诚实不欺、遵守诺言、言行相符，是诚实、不欺、讲信用的意思；所谓的“差异性”是指“诚”与“信”属于不同层次的范畴——儒家思想中的“诚”是一种本体论，而“信”只是一

① 詹贤武：《“诚信”的词源性研究》，载《新东方》，2004(12)。

② 宫菊花：《诚信的多维诠释》，载《山东师范大学学报》(人文社会科学版)，2006(3)。

③ 王公山：《先秦儒家诚信思想研究》，山东大学博士学位论文，2005。

种具体的德目，含义较窄，“诚”高于“信”，为了“诚”，可以毁弃“信”；认为诚信是“诚”与“信”的“辩证统一体”，“诚”是“信”的依据和根基，而“信”是“诚”的外在体现。①

在中文语境中，诚信作为专有的伦理学范畴，是随着中国社会现代化进程而出现的。如果我们翻检各种权威的汉语词典就会发现，绝大多数词典里没有收录“诚信”词条，如1979年版的《辞源》、1989年版和1999年版的《辞海》。虽然1993年版的《汉语大词典》(上海辞书出版社)收录了这一词条，但对“诚信”的解释是“真诚；真诚之心”。显然，这一解释依据于辞源学梳理，和现代意义的诚信内涵有较明显的差异。上述情况说明，虽然“诚”和“信”是中国传统文化中重要的伦理范畴，但两者连用并成为重要的道德范畴，却是一种现代性的生成。

“诚”，在1979年版的《辞源》中，被解释为“真诚、真实”；在两版《辞海》中皆被解释为“真心、实意”；在《汉语大词典》(1993)中被解释为“诚实、真诚、真实”。

“信”，在上述权威工具书中，被解释为“诚实、不欺；相信、信任”。

这些解释总结了在汉语演进中“诚”与“信”的基本要义，即“诚实；不欺”。有一种观点认为，两个词的含义是一致的。许慎在《说文解字》中所言：“诚，信也；信，诚也。”是“诚”与“信”同义和互训的代表性说法。含义的一致不仅是语义学上的，也是伦理学意义上的。在中国伦理传统中，“诚”与“信”是重要的伦理范畴，在伦理学辞典里，“诚”即真实无妄、诚实不欺，“信”即诚实不欺、恪守信用，其基本含义即“诚实不欺”。

但多数研究者认为，作为道德范畴，“诚”与“信”的伦理内涵还是有差别的。“诚”首先具有本体论意义，然后才是它的伦理道德价值；而“信”始终是一个伦理学概念。“诚”偏重于“内诚于心”，是道德主体的一种内在品质和态度，多是对道德个体的单向要求，强调主体的自我修养，具有自主性；而“信”更偏重于“外信于人”，不仅指一己之诚，还指“内诚”的外化，是一种涉及与他人关系的社会的道德践履。② 也有人认为，“诚”是一种道德品质、道德素质、道德境界和道德精神，是非功利性的；“信”是一种功利性的态度和心理状态。“诚”可以是单主体的，单方面的作为或主体意志；“信”是双主体的或多主体的共同

① 洪跃雄：《诚信辨析》，载《江汉论坛》，2006(1)。

② 宫菊花：《诚信的多维诠释》，载《山东师范大学学报》(人文社会科学版)，2006(3)。

作为。①

"诚"与"信"的联用是语言发展的结果，也是公共伦理在现代意义上发展的结果。诚信的现代性含义是"诚"与"信"语词含义的延伸和逻辑的生成。但有研究者强调，诚信是一个复义词，是由"诚"和"信"这两个语义近似甚至相同的词叠加而成的，而不是由"诚实"和"信用"综合而成的联合词。② "诚"与"信"联用的基础，在于两者内涵的相通和一致。"诚信"的基本内涵和要求就是"诚实不欺"，但包含了"内诚"与"外信"两层含义，展现了中国传统诚信的伦理价值取向，为现代诚信内涵的丰富和发展奠定了语义学和伦理学两方面的基础。

较少有研究者直接对诚信下定义，而是通过这种辞源学梳理，整合和抽取"诚"与"信"的要义以建构诚信的基本内涵。循此路径，研究者们认为诚信的基本含义即诚实不欺、诚实守信。在语词的现代性的生成过程中，诚信的内涵由"诚实不欺"转变为"诚实守信"，这一点是研究者们的普遍共识。其实，"诚实不欺"与"诚实守信"实质含义是一致的，但这一转变体现了社会交往特征的变化以及现代市场经济社会的伦理要求。

2. 诚信的现代性含义

以"诚实守信"为基本含义，研究者们对诚信的内涵进行了现代性阐发。

国内出版的《伦理学大辞典》这样解释诚信："诚信即诚实守信，是社会交往关系中社会主体应遵守的一条基本道德规范。现代市场经济有效运行的道德基础之一，是经济交往的契约性本质在道德上的体现。诚实更多的指在经济交往中真实无妄的提供相关信息，守信更多的指按照自己同意的契约承担责任。两者密切相关，通过瞒和骗订立的契约不可能有约束力，而不愿承担责任的契约行为本身就是缺乏诚意的。尽管诚信历来都是一种重要的商业美德，但在现代市场经济运行中有着特别重要的意义。伦理学认为，诚信的最根本的动机，是对经济交往对象人格的尊重，或对一种基本道德义务的遵循。"③

宫菊花认为，就本质而言，诚信是指社会交往主体以对双方已有价值的肯定为前提，以实现双方应受保护的平等权益为目的的诚实守信、履行义务、承担责任的观念、行为和制度。现代意义上的诚信内涵既是一种以诚实守信为根本要求的伦理观念，也是一种"德""得"相通的社会行为，和一种融道德与法律

---

① 曾建平、余小江：《诚信与公民社会散论》，载《伦理学研究》，2004(1)。

② 杨方：《诚信内涵解析》，载《道德与文明》，2005(3)。

③ 朱贻庭：《伦理学大辞典》，上海，上海辞书出版社，2002。

为一体的制度规范。诚信具有四个特性：普适性、二重性、开放性和继承性。①

有研究者强调，现代诚信不再是个体品德修养或道德自律，而是一种现代社会的契约精神，是建立在契约规则基础上的面对全体公民的普遍性要求。②

杨秀香认为："从现代市场经济的信任体制看，诚信已不完全是传统意义上的诚信了。第一，诚信必须是社会性的，这是市场的经济全球化和世界性的贸易体系的要求；第二，诚信是利益追求中的所必需的道德遵循，诚信不是和功利无关的纯粹的形而上；第三，市场社会中诚信发生的依据是人的理性，所谓理性即人们能够根据对事实的掌握、分析和判断而决定是否信任对方。"③

更有学者强调，"作为传统美德的诚信仅仅是从伦理道德方面的解释，而现代伦理学、经济学、社会学、教育学、法学等都从不同专业视角赋予诚信新的内涵"④。

有学者对诚信的社会基础进行了分析，认为诚信社会只有在公民社会才能真正实现。公民社会异于威权社会和市民社会，是平等交往、契约自由、权利与义务相统一的社会，是具有商谈、尊重、信任等特征的社会。公民社会对诚信的维护，是通过社会机制的激发和诱导来解决问题的，把诚信所作用的空间融入到规范性的和机制性的社会事件的框架条件中。⑤

杨君武强调，诚信作为一种德行或规范并非绝对普适，而是有其限度。它至少面临着三个方面的限度：个体理性的限度、根本利益的限度和社会正义的限度。对于缺乏起码的理性行为能力的人，社会不能提出诚信要求。诚信不可能出现在没有任何共同利益，尤其是根本利益相互冲突的双方之间。社会正义是诚信的一条重要边界，诚信应当在正义的范围内活动。深入认识诚信的限度，是为了更适当的要求诚信和更合理的践行诚信。⑥

还有研究者就诚信的伦理定位问题提出，诚信在伦理学意义上具有正当的优先属性。这种优先乃是义务论对目的论的优先。诚信之正当优先性的原因在于社会进步所带来的道德下移，以及市场经济的运行机制和经济全球化的社会

① 宫菊花：《诚信的多维诠释》，载《山东师范大学学报》(人文社会科学版)，2006(3)。

② 黄丹：《信息化时代社会诚信的伦理之维》，苏州大学硕士学位论文，2004。

③ 杨秀香：《诚信：从传统社会转向市场社会》，载《道德与文明》，2002(4)。

④ 蒋旭：《我国诚信问题研究综述》，载《兰州学刊》，2005(6)。

⑤ 曾建平、余小江：《诚信与公民社会散论》，载《伦理学研究》，2004(1)。

⑥ 杨君武：《诚信的三个限度》，载《伦理学研究》，2006(1)。

要求。正当与善的区别在于，善是社会最高伦理价值的体现，一个社会只能靠引导与鼓励，而不能强迫要求其成员行善。正当是要求社会成员都要做到的伦理道德底线，是现实生活中应当达到的基本伦理要求。突出诚信的正当性质是由市场经济的内在要求决定的，这一属性要求我们在建设与完善社会诚信体系时应该以强调规范准则的约束作用为主，以道德价值目标的引导作用为辅。①

崔宜明认为，中国传统道德中的诚信本于"天人关系"，以天赋良知为基础，所展开的语境是纵向的服从关系。现代诚信本于"契约关系"，所指向者是人和他人，所展开的语境是横向的权利平等关系。现代诚信以社会权力为基础，不是天赋良知的发现和实现，而是实实在在的现实利益，是个人利益的实现。所以，现代诚信建设的基础是观念的变革和建设，核心是信用制度的建设，关键是公信建设。②

相似议题的研究文献数量较多，基本观点总体趋同。综上所述，国内学者就诚信现代性含义的讨论具有三个特点：第一，在诚信的核心要义方面有一致性共识，诚信即诚实守信、诚实不欺，是现代经济社会的基本道德；第二，现代诚信是以利益关系为基础的契约伦理，其重心已由个人的本体道德转移到经济生活和公共生活中的契约精神和相应的规则与制度上来，由理想道德境界转变为义务性的底线道德；第三，现代诚信已不局限于伦理道德上的解释，而成为多学科、多领域共同的话题，因而具有多重内涵。

3. 诚信观的概念

在有关诚信研究的文献中，诚信观是一个被忽视的概念，鲜有提及。少量的以诚信观为题的文献，通常只是论及古今诚信观或中西诚信观的比对分析，或涉及诚信教育的经验性话语，而没有文献直接就诚信观本身展开研究。这意味着研究者们重视的是诚信的内涵、伦理特点和社会价值，即诚信观的内容，而对诚信观的形式方面的研究缺乏关注。

有人提出，诚信观是一种诚信认识，是对诚信内涵与价值的总体把握。在诚信观的形成中伴随着善与恶的判断和取舍过程，诚信是善的、可取的，失信是恶的、不可取的③。尽管这一定义因其来源缺乏权威性而难以作为一个好的定义，但在定义匮乏的情况下，还是有一定的参考价值。

---

① 陈庆超：《诚信体系建构中诚信的伦理定位：正当优先性》，载《理论与改革》，2006(1)。

② 崔宜明：《契约关系与诚信》，载《学术月刊》，2004(2)。

③ 王彬：《大学生诚信观教育的特殊性研究》，载《企业家天地》(理论版)，2007(5)。

在相关研究稀缺的情况下，庞跃辉的两篇论文凸显出一定的价值，这两篇论文一篇从社会认同意识的角度，论及诚信观的含义、特征、来源等①；一篇对社会诚信观作哲学的认知分析。② 他认为，诚信观是一种社会认同意识，而社会认同意识指一种被社会公众接受或赞同的社会意识。诚信观作为一种重要的社会认同意识，其特征就是对于信用、信任、信誉等属性和价值抽象概括中所形成的社会认同观念。这种认同观念来源于社会多领域、多层面对信用、信任、信誉等属性和价值的理性认知、评价和取向。真实的信用行为是诚信观的重要认知基础；可靠的信任态度是诚信观的重要评价内容；高度的信誉价值是诚信观的重要取向标准。

这里的诚信观指的是社会诚信观而非个人诚信观，固然个人诚信观的内涵、特点及形成与社会诚信观有着难以割裂的关联，但显然两个概念不具备可替代性。

一些研究者在探讨诚信的意义世界及诚信如何可能时，间接地论及诚信观方面的问题，如樊浩认为，诚信作为一种德性，或作为一种伦理精神，主要是一种意义世界的存在，所以诚信必须由本体世界向意义世界转换和落实，诚信的伦理精神必须、也应当在意义世界中培育和把握。在意义世界中进行诚信伦理精神的建构，就是在市场社会和价值冲突中必须坚持的基本人文立场。建构诚信的意义世界，三个要素至关重要：第一，在这个世界上诚信本身就是目的，甚至是唯一目的；第二，诚信意义世界建构的着力点是诚信德性的养成；第三，诚信的“意义”是一种价值理解、价值赋予和价值建构。③

赵庆杰认为，要回答“如何才能诚信”，就要先回答“为什么应当诚信”，即需要首先追究诚信的形而上依据。他从康德的目的论伦理学出发，提出作为具体德性的诚信应建立终极价值信仰，以获得自己的神圣性来源与形而上的根据。④

两人都没有直接论及诚信观问题，但都着重强调了诚信建设中“意义世界”（或形而上依据）的重要性。意义世界的核心内容就是“价值理解、价值赋予和价值建构”，而能达到的最高境界，就是终极价值信仰的获得与拥有。个人需

---

① 庞跃辉：《诚信观与社会认同意识》，载《江海学刊》，2003(3)。

② 庞跃辉：《关于社会诚信观的哲学认知分析》，载《南昌大学学报》(人文社会科学版)，2003(3)。

③ 樊浩：《“诚信”的形上道德原理及其实践理性法则》，载《东南大学学报》(哲学社会科学版)，2003(6)。

④ 赵庆杰：《诚信的形而上设定与制度供给》，载《兰州大学学报》，2004(5)。

要“意义世界”提供引导程序，以在冲突的社会中以诚信立足。诚信的“意义世界”及其价值属性显然是一个“诚信观”问题，虽然他们没有提及诚信观概念，但已触及诚信观的实质内涵。

(二)国内关于诚信的结构研究

对诚信进行结构分析，前提是必须在道德范畴内理解诚信这一概念，即使如此，对诚信进行结构化分析的研究也是非常少见的。

从辞源学上来说，诚信由“诚”与“信”两个道德范畴复义式联结而成。研究者们普遍认为，尽管诚信的含义并不是两者内涵的简单联合，“诚实守信”不能拆解为两部分以与“诚”“信”对应，其语义结构却可以分为“诚实”和“守信”两个部分。诚实更侧重于内在道德涵养，守信则更侧重于外在交往关系中的道德规范。

伦理学者杨方就诚信的结构问题从不同角度进行了专门的研究。

1. 诚信的伦理学语义结构的角度

杨方认为，诚信的词源学含义(诚实守信)并未完全覆盖其伦理学语义。后者有三个层次，它们互相关联、层层递进，构成一个语义结构。

第一层语义是诚实、真实、真诚，或者不欺诈蒙骗(含不自我欺骗)、不作假、不伪饰。这层语义就是“诚”与“信”的第一词源学含义，是诚信语义结构的基础，其他层次的语义必须生长于其上。

第二层语义是守信、践诺、履约，或者不失信、不违诺、不爽约。这层语义可以从“诚”与“信”的词源学含义直接引申出来。它是诚信语义结构的举重主体，其他层次的语义经由它联结起来。由于守信、践诺、履约是诚信易于被觉察到的“外衣”，因此一般人最看重这层语义。而注重可证实性的西方思想家也特别看重这层含义，他们中有些人甚至认定诚信就是守信、践诺、履约。

第三层语义是相信、信任、信奉或者不怀疑、不猜忌、不阳奉阴违。这层语义不是诚信本身所固有的，因而从“诚”和“信”的词源学含义是无法直接引申出来的，但可以从诚信的第一、二层语义推导出来。在诚信的语义结构中，第三层语义是顶层，必须基于第一、二层语义之上才能建构起来。

综上所述，在伦理学语境中，诚信意指一个人在心意、言语和行动上对自身、对他人、对社会真诚无妄、信实无欺、信任无疑。①

---

① 杨方：《诚信内涵解析》，载《道德与文明》，2005(3)。

2. 诚信内在结构的角度

杨方认为，对诚信的内在结构可有多种解释。从所属领域角度，诚信可以被分为心诚、言诚、行诚三个层面。这三个层面相互依赖、相互作用：心诚是言诚和行诚的内在依据，言诚和行诚是心诚的必要外化，而言诚和行诚则相互促进。从所涉对象角度，诚信可以被分为诚己、诚人、诚群三个维度。这三个维度彼此相关、层层推进：诚己是诚人和诚群的必要前提，诚人是诚己的必然延伸和必要确证，而诚群则是诚人的合乎逻辑的扩展。①

此外，目前我国对诚信心理学式的结构分析及对诚信观的结构性研究尚属研究空白，我们尚未检索到这方面的研究文献与资料。借此可以推断，在国内诚信研究主要还属伦理学议题，对其进行心理机制意义上的结构性研究还非常困难。

(三)国内关于诚信的价值研究

就诚信的伦理内涵而言，其价值具有普适性。但诚信(含“诚”与“信”)的价值取向受特定的社会形态影响，在不同的历史时期，诚信的价值表现出不同的特点。

研究者们的普遍观点是，传统社会的诚信具有鲜明的道德价值取向，而现代诚信观则表现出市场经济社会以契约精神为支柱的工具理性特征。

“诚”与“信”是儒家伦理的重要范畴，它基于中国宗法社会，属于人生道德和政治伦理的德性规范。在中国传统诚信观中，诚信是修德之道、立身处世之本，是尚德者力求的道德修养和理想人格。因此，传统诚信观彰显的是诚信的道德价值，即可以为个人的安身立命提供道德的依据，也可为治国者提供道德的感召力和影响力、取信于民。中国传统诚信观在价值取向上表现出明显的以义为上的非功利性特征。

现代诚信观根植于市场经济社会、民主社会、公民社会的道德价值观和道德要求，是现代市场经济有效运行的道德基础。在市场经济社会中，诚信意味着对契约和承诺的尊重、履行和保证，以及信用的顺利实现。其价值在于降低经济运行中的博弈成本，提高社会信任和社会合作的水平，使社会成为民主和谐的信任社会。现代诚信观关注的不仅仅是诚信的道德价值，更是它的经济价值和社会价值。即使是针对个人而言，诚信的意义也不仅仅在于道德的完善与

① 杨方：《诚信内在结构解析》，载《伦理学研究》，2007(4)。

自足，更在于个人良好信誉与信用的建立，以期在市场交易和社会合作中获得别人的信任。诚信已经成为现代经济伦理学的核心内容之一。马克斯·韦伯的《新教伦理与资本主义精神》及福山的《信任：社会美德与创造经济繁荣》，分别从宗教和文化的角度解释了诚信的经济价值与社会价值，对现代诚信观的研究产生了巨大影响。

诚信的价值可以分为伦理价值、经济价值、社会价值等形式，研究者们从不同角度对此给予了阐述。

吕耀怀、涂争鸣认为，诚信的伦理价值可归纳为三个方面，即做人之本、为政之则和成业之道。做人之本，指诚信在个体的修身养性、处理人与人之间关系中的价值；为政之则，指诚信在国家政治生活中的价值，诚信是治理国家的基本道德准则；成业之道，指的是诚信对于成就事业的价值，尤其对于商业和一般经济活动的价值。①

赵爱玲认为，诚信的当代价值以诚信是一种资本为基础，即从伦理学角度讲，诚信是一种道德资源，是为人处世、振兴国家的基石和灵魂；从经济学角度讲，诚信是一种资本，是企业的无形资产；从社会学角度讲，诚信是一种稀缺资源，是一种有待于优化配置的生产和经营要素；从国际政治学角度讲，诚信关系到国家民族的声誉和形象。②

蒋旭认为，诚信的现代价值体现在多重领域。在个人生活领域，诚信是个人立身处世之本；在公共生活领域，国家政府的诚信状况对国家整体的诚信度及对国家的治理有重大意义；在经济领域，诚信是市场经济的必要原则，是市场交易公平而顺利运行的保证。③

葛晨虹认为，诚信是一种比物质资源、人力资源更为重要和宝贵的社会资源，诚信不足将给市场经济和社会发展造成严重危害。我国市场经济条件下的诚信规范，既是一种做人的德性要求，也是社会各种利益关系的协调保证机制。④

龙静云认为，诚信是市场行为主体实现自身经济利益的保障，也是市场主体增进自身正当利益和精神利益的需要，还是减少交易费用的重要手段。⑤

---

① 吕耀怀、涂争鸣：《论诚信》，载《思想理论教育导刊》，2006(8)。

② 赵爱玲：《国内诚信研究综述》，载《道德与文明》，2004(1)。

③ 蒋旭：《我国诚信问题研究综述》，载《兰州学刊》，2005(6)。

④ 葛晨虹：《诚信是一种社会资源》，载《江海学刊》，2003(3)。

⑤ 龙静云：《诚信：市场经济健康发展的道德灵魂》，载《哲学研究》，2002(8)。

李桂梅认为，诚信具有调节功能、导向功能、教育功能、约束功能和凝聚功能。这些功能共同作用，从而形成诚信的整体功能，即诚信的个体功能和社会功能。诚信的个体功能指诚信对个体生命的意义，诚信是个人安身立命之本，是个体道德基石和道德人格的内在要求，诚信是自我价值实现的重要保障。诚信的社会功能表现在三个方面：第一，诚信是市场经济运行的道德基础，它有助于市场经济秩序的建立和稳定，提高市场经济的运行效率；第二，诚信是社会组织的黏合剂，是建立和维持社会秩序的重要保证；第三，诚信是政府行政的根本原则，是实现民主政治的前提条件。①

类似的文献及陈述还有很多，总的观点是，诚信是现代社会重要的道德基础，诚信的价值既可分为对个人的价值与对社会的价值，也可分为伦理的价值、经济的价值、社会的价值以及政治的价值。总之，在现代社会，诚信不仅是个人不能缺失的安身之德，更是社会健康发展的核心伦理规范。

(四)国内关于诚信教育的研究

在我国，诚信教育同样拥有悠久的历史。先秦时期是我国德育思想产生和形成的阶段。在那时，便出现了诚信教育的萌芽。“真正意义上的中国德育思想，最早是从公元前11世纪，西周初期的著名政治思想家周公(姬旦)开始的，他提出的‘治理国家的德育思想’中就包括了‘信’的内容。”②此外，在我国古代的多部经典作品中都有关于诚信教育的论述。例如，《大学》指出：“古之欲明明德于天下者，先治其国；欲治其国者，先齐其家；欲齐其家者，先修其身；欲修其身者，先正其心；欲正其心者，先诚其意；欲诚其意者，先致其知；致知在格物。物格而后知至；知至而后意诚；意诚而后心正；心正而后身修；身修而后家齐；家齐而后国治；国治而后天下平。”这部书还提出了自我培育与上行下效的诚信教育模式——“所谓诚其意者，毋自欺也……故君子必慎其独也!”“所谓治国必先齐其家者，其家不可教而能教人者，无之。故君子不出家而成教于国。孝者，所以事君也；弟者，所以事长也；慈者，所以使众也。”《孟子》主张应该营造一个讲诚守信的环境，使“民日迁善而不知为之者”，在潜移默化之中恢复赤子般的纯真之性，并且要推崇孝悌忠信，使百姓明人伦；《荀子》把诚信思想的探讨建立在“人性为恶，其善伪也”的理论基础之上，认为

① 李桂梅：《诚信的功能》，载《船山学刊》，2005(4)。

② 江万秀、李春秋：《中国德育思想史》，长沙，湖南教育出版社，1992。

人有可以塑造成为诚信君子的特质，通过环境的影响，师长的教育，“礼法”的约束，人的虚伪的一面就会得到遏制，使诚信习惯变成内在的自觉性，从而使人的诚实朴质的潜在特性变成现实的诚信品格，成为君子品格的一部分。① 当代学术界对于诚信教育的研究更为丰富，却没有形成一个统一的诚信教育概念。就我们所能检索到的文献情况来看，虽然我国社会变迁过程中出现的诚信危机使诚信建设和诚信教育问题成为社会热点问题，但并未使诚信教育研究成为学术研究中的热点问题，诚信教育的研究还是一个薄弱的研究领域，表现在研究成果的数量和质量上都不尽如人意，尤其缺少有价值的基础性研究、实证研究和对策性研究。因此，为了进一步深化诚信教育的研究，有必要对诚信教育的概念进行必要的厘定。

1. 诚信教育的内涵研究

近年来，国内已有很多学者从各自的角度出发，对诚信教育概念进行了不同的界定。以下为我们对近年来国内诚信教育概念的粗略梳理。

朱英萍认为，诚信教育就是以诚为本的教育，是建立在诚信基础上的，对自身，对学生、家长和社会，对科学、学问等所有教育的主客体均实事求是、讲求信誉和信用的教育。②

张治勇认为，诚信教育就是培养孩子诚实守信品格的教育。③

李成才和谭群瑛认为，诚信教育有三层内涵：其一，指培养诚信之人的教育，即使受教育者成为富有理念和诚信品质的人的教育；其二，指教育本身是诚信的，即教育自身对受教育者、社会和国家是诚信的；其三，指教学自身的诚信，即在自觉和自在中教学诚信的教育。诚信教育赖以建立的过程必须贯穿教育方法、教育内容、教育方式等方面，否则诚信教育会立之不稳。④

郭学文认为，诚信教育是指关于善意行使权利并履行法定义务、道德义务和纪律义务，在工作、学习和生活中诚实不欺、真诚无妄、言而有信、言出必践、信守诺言的人生准则、行为规范与理念教育，即有关“知”诚信与“行”诚信

---

① 王公山：《先秦儒家诚信思想研究》，山东大学博士学位论文，2005。

② 朱英萍：《诚信教育：应对时代挑战的教育内涵》，载《商丘师范学院学报》，2005(8)。

③ 张治勇：《家庭诚信教育存在的问题及对策》，载《阜阳师范学院学报》(社会科学版)，2005(1)。

④ 李成才、谭群瑛：《浅谈中小学诚信教育的现状与对策》，载《科教文汇》(上旬刊)，2007(4)。

的教育。[①]

章雁认为，诚信教育从属于传统的德育范畴，是道德素质教育的重要方面，让受教育者加强对诚信的道德认知，形成诚信的道德情感，外显为诚信的道德行为，并促进诚信人格及世界观的塑造。[②]

徐嘉一、王文和赵彦军认为，诚信教育就是在学校教育中开展以“诚信”为核心的教育实践活动，培养学生的诚信观和良好的职业道德品质。[③]

吕灵治认为，诚信教育就是培养和提高受教育者的真诚无欺，信守然诺的心理意识，遵守诚信原则规范和坚守诚信行为的教育。[④]

索凯峰认为，诚信教育可分为广义的社会诚信教育和狭义的个人诚信教育。个人诚信教育主要是指针对个人诚信的道德品质的教育；社会诚信教育则包括政治、经济和文化等领域内的诚信社会伦理教育，及有关诚信原则的法制教育。[⑤]

李胜男认为，诚信教育是指让受教育者了解诚信的涵义，帮助受教育者将诚信内化为自己的心理品质，并促使其转化为受教育者外在行为的教育。[⑥]

宗晓健认为，诚信教育是指使人明晓诚信的意义和价值，达成诚信道德的教育。它是一种建立在诚信基础上的求真、求实，讲求信誉和信用的教育。[⑦]

罗文认为，从道德教育范畴来讲，诚信教育就是指教育者根据一定社会的要求和受教育者的需要，遵循品德形成的规律，并采用一定道德教育手段和方法，培养受教育者诚实和守信的道德品质的活动。[⑧]

刘同辉认为，诚信教育从受教育者的角度看就是对诚信认知、认同、内化、

---

① 郭学文：《构筑终身诚信教育体系》，载《继续教育研究》，2004(4)。

② 章雁：《对高校会计诚信教育的思考》，载《事业财会》，2006(2)。

③ 徐嘉一、王文、赵彦军：《加强职业教育中的诚信教育》，载《河北科技师范学院学报》(社会科学版)，2004(12)。

④ 吕灵治：《诚信教育》，载《中州大学学报》，2006(7)。

⑤ 索凯峰：《略论经济类高校大学生诚信教育体系的构建》，载《武汉科技学院学报》，2006(2)。

⑥ 李胜男：《10－16 岁儿童诚信价值观现状的心理学研究》，上海师范大学硕士学位论文，2003。

⑦ 宗晓健：《对高等职业院校学生诚信教育的理性思考》，山东师范大学硕士学位论文，2006。

⑧ 罗文：《中学生诚信教育问题探析》，广西师范大学硕士学位论文，2007。

外化的过程，从教育者的角度来说就是解释、说服、引导、监督的过程。①

燕国材认为，诚信教育既是世界观教育又是人格教育。诚信即世界观，相应地诚信教育即世界观教育。诚信是人格因素，相应地诚信教育也就是人格教育。②

任海宾对诚信教育的内涵给予如下界定：培养诚信之人的教育，教育是诚信的，教授诚信的教育。在此基础上，将诚信教育的危机归类为学生的不诚信、教师的不诚信、教育内容的不诚信和教育制度的不诚信，并据此提出了重构诚信教育的路径。③

我们认为出现众多诚信教育概念的原因主要有两个：其一，与其他大多数学科相比，教育学一直被模糊的概念及不准确和内容空泛的假设或论点充斥，正是教育学科的这种传统和特征，影响了当今学者对诚信教育概念的准确界定；其二，诚信教育研究作为21世纪才刚刚兴起的一项新的"传统"研究，国内学者还没有清晰地把握其特征、本质等关键性问题，因此很难做出较为准确、一致的概念界定。

2. 诚信教育的思路与方向研究

根据教育的内容和重点不同，可以将诚信教育分为"诚"的教育和"信"的教育，即诚实教育和守信教育。诚实教育是培养学生"讲真话"的道德品质的教育，守信教育是培养学生"说到做到"的道德品质的教育。当然，依据诚信的现代内涵，即守信与诚实有密不可分的关系，也可以实施系统的诚信教育。

刘次林对诚实教育的理论基础和思路给予了较深入的梳理和探究。他认为有两种诚实教育观，即绝对诚实教育观与相对诚实教育观。绝对诚实教育观把诚实看成是绝对的道德义务，是无需质疑的美德，可以采取传统教育方法训练；相对诚实教育观反对把诚实当作内在的恒定素质，把人的诚实看成是根据自身的主观感受，在不同的道德情景和不同的人际关系中的行为反应。他认为，心理学已在某种程度上否定了人能够绝对诚实，所以诚实教育应从绝对教育观走向相对教育观，借助科尔伯格的理论实现绝对与相对的统一。④

石邦宏、石中英认为，诚信教育的当务之急应该将其价值取向从功利主义

---

① 刘同辉：《论诚信教育》，载《上海师范大学学报》(哲学社会科学教育版)，2002(6)。

② 燕国材：《诚信教育的心理学问题》，载《江西教育科研》，2003(1)。

③ 任海宾：《诚信教育的反思与重构》，载《教学与管理》，2003(3)。

④ 刘次林：《诚实教育的思路与出路》，载《华东师范大学学报》(教育科学版)，2005(12)。

转向人文主义，从利益考量转移到人文诉求。引导青少年认识到诚信的人文价值和内在价值，培养青少年学生基于文化传统、人文理想与理性精神之上的诚信意识、习性和人格特质。诚信教育的方法应当更新，应从“道德劝告”和“纪律规训”，转向人文精神的价值分析。①

赵爱玲认为，新时期诚信教育思路和诚信养成模式应实现以下四个转变：诚信教育价值关怀的基点由“以事为主”向“以人为主”转变；诚信教育对象由以个人为主体向以社会大众为主体转变；诚信教育内容由“道德诚信”向“道德诚信”与“法律诚信”相结合转变；诚信教育范式由一次性博弈向重复性博弈转变，以最终达成诚信教育的双赢或多赢目标。②

3. 诚信形成的教育心理学式研究

对诚信所做的心理学路径的研究，无论是理论研究还是实证研究都非常有价值，因其往往能够解释诚信发生的心理机制和发展特点，所以对诚信教育研究有重要的启发意义。

郭志峰用心理学的理论与方法，对诚信认识和诚信行为加以分析，试图解释诚信的产生及影响其变化的原因。他的主要观点是：诚信以早期教育和生活经历为基础而形成，由在生活实践中的行为反馈加以调整，其中需要的内容与性质起重要作用，尤其是其核心需要起关键的估价作用，而需要的作用要以归因倾向为中介。③

涂争鸣认为，属于道德范畴的诚信之建构必须从道德行为本身展开，诚信德性的生成，是主体与社会不断互动、相互影响、逐步内化的动态过程。在诚信德性形成过程中，个体所经历并对德性形成起关键性作用的仍然是服从、认同、良心化三个环节。诚信德性的形成不是一次性完成的，而是主体的终身课题。他从功能结构理论出发解释诚信德性的内化机理，把诚信德性的心理结构划分为生成结构、执行结构和定型结构三个维度，解释了诚信德性生成的动态过程。④

蒋奕雯在其硕士学位论文《3－8年级学生“诚信”概念理解及其情境反应的发展研究》中，通过问卷调查和访谈的方法，对“诚信”概念理解的发展趋势，

① 石邦宏、石中英：《诚信教育的价值与方法》，载《人民教育》，2003(24)。

② 赵爱玲：《简论新时期诚信教育的思路和诚信养成模式的转变》，载《学校党建与思想教育》，2005(2)。

③ 郭志峰：《关于诚信的心理学分析》，载《阴山学刊》，2007(3)。

④ 涂争鸣：《论诚信德性的主体生成方式》，载《求索》，2007(5)。

“诚信”价值取向与情境反应的年级特点，诚信价值取向发展的总体趋势进行了研究，并获得如下结论：第一，被试在对“诚信”概念的理解上有着随年级升高，从侧重其“诚实”含义成分，转而到侧重“守信”含义，最后在“诚实、守信”的基础上，开始注重“真诚”含义的发展趋势；第二，在价值取向与情境反应的年级特点上，三年级的学生表现出分离的特征，而四、五、六年级的被试“诚信”情境反应的表现与价值评价水平基本一致，能较好的依据“诚信”规范调节控制自己的言行，六年级开始进入诚信价值内化状态，七、八年级被试在价值评价方面更为积极、谨慎，在情境反应中更为灵活自主；第三，关系自我表征中注重“父母”表征的被试倾向于“诚实”的含义，倾向于“好朋友”表征的被试注重“守信、真诚”的含义。①

李胜男的《10—16岁儿童诚信价值观现状的心理学研究》，对10—16岁不同性别的儿童在诚信的认知判断、内心体验和行为倾向方面的特点给予了描述。其研究结论是：在诚信价值观的各项指征上，10—14岁儿童已基本具有了认知判断、行为倾向、内心体验和行为重复的价值观指征；10—16岁儿童却都不具有情感分享的价值观指征；16岁儿童基本具有了认知判断、行为倾向和行为重复的价值观指征，他们在认知判断、行为倾向和内心体验上却均比10—14岁儿童低，但行为重复倾向上较10—14岁儿童高。②

冉乃彦使用相同的调查问卷，于1987年和2004年两次对小学生诚实品质进行调查，并在诚实的“认识、形象储存、行为、动机、环境和评价水平”六个方面进行了对比研究。其研究表明，小学生关于诚实的道德认识受到认知水平的制约，但随着社会文化走向多元化，小学生对诚实的判断趋于复杂。关于小学生道德典型形象和事例的储存，两次调查有显著差异，1987年调查的形象主要来自于典型事迹，2004年调查则来自于现实生活。在道德动机方面，小学生出现不诚实主要属于自我保护性说谎(40.6%)，其次是获得好处性说谎(38.5%)。两次调查都表明，随着年龄的增长，小学生对社会的复杂性有了进一步认识，对所认识人的诚实比例的判断出现下降的趋势。两次调查相比，小学生道德评价能力的认知特征没有显著变化，但对概念的理解在价值取向和文化特征上发生了变化，体现了社会进步的影响。2004年的调查表明，小学生

---

① 蒋奕雯：《3—8年级学生“诚信”概念理解及其情境反应的发展研究》，华东师范大学硕士学位论文，2006。

② 李胜男：《10—16岁儿童诚信价值观现状的心理学研究》，上海师范大学硕士学位论文，2003。

已更多地立足于现实生活理解诚实品质的重要性，而不是单纯地从知识概念上建构道德。①

（五）对国内诚信及诚信教育研究的述评

1. 对诚信概念的混乱性认识普遍存在

综观国内的诚信研究，普遍存在着对诚信概念的混乱认识，这主要表现在以下两个方面。

第一，国内诚信研究中普遍存在着对诚信一词翻译的偏差。这种偏差不利于我国借鉴国外的诚信研究成果，其主要表现为诚信是"honesty"，还是"integrity"的问题。针对这一问题，我们查阅了有关的资料。上海辞书出版社所出版的《伦理学大词典》以"integrity"作为"诚信"的对译词。根据《韦瓦大百科全解英语词典》(*Webster's Encyclopedic Unabridged Dictionary of the English Language*)，"honesty"与"integrity"都包含诚实、正直、坦率的意思，但是"integrity"更强调与人的道德品质或道德信条相联系。国内学者普遍认为诚信属于道德的范畴，具有讲真话、说到做到的含义。分别以"honesty"和"integrity"作为关键词，在外文数据库中进行检索，经过阅读相关文章，我们得出的结论是："integrity"更接近我国的诚信概念。因此，《伦理学大词典》中以"integrity"作为"诚信"的对译词的观点是令人信服的。

第二，国内诚信研究中经常将诚信与其他一些相关词混用，主要表现为诚信与信任的混用。虽然国内已有学者就诚信与信任的关系问题进行过专门的论述，如杨方在《诚信内涵解析》一文中②，对诚信与信任的关系进行了论述，但是这并未引起国内学者的重视。我们认为，出现这一现象的原因有两个：一是诚信和信任之间确实存在着极为密切的关系，这是导致国内学者将二者混用的直接原因；二是国外很重视信任的研究，并且近年来国内出现了很多这方面的译著，国内学者在借鉴这些译著的同时未加详细辨析就较为盲目地引用、套用，这是导致国内学者将二者混用的一个重要原因。

2. 国内诚信研究中"宏观"研究多于"微观"研究，诚信研究的实践效果不明显

很多国内诚信研究是关于制度层面的，如构建诚信政府、诚信社会等"宏

---

① 冉乃彦：《1987 年和 2004 年两次小学生诚实品质调查的比较研究》，载《教育学报》，2005(4)。

② 杨方：《诚信内涵解析》，载《道德与文明》，2005(3)。

观”的研究，而对于诚信在个体上的发生、发展的过程，即“微观”的研究则不多见。诚信是他律与自律的结合体，二者缺一不可。诚信问题的解决不仅需要他律——诚信制度的建设，更需要自律——个体诚信水平的培养与提高。“宏观”诚信研究主要是以他律为导向，“微观”研究主要是以自律为导向。“微观”诚信研究的匮乏致使“宏观”诚信研究难以落在实处。因此，目前我国的诚信研究虽然很丰富，但总体来说其实践效果并不明显。

3. 由于缺乏个体诚信品质形成机制方面的研究，因而诚信教育缺乏坚实的理论支撑

这种状况是诚信教育实践效果不尽如人意的根结所在。诚信作为一项道德品质，其形成至少要经历由“知”到“行”两个环节。目前在国内的诚信研究中，虽有一些诚信认知教育和诚信行为教育的研究，但对个体从诚信认知发展到诚信行为的内在机理的研究尚不够深入，这大大影响了诚信教育在实践中的科学发展。

二、国外关于诚信问题的研究

在西方，诚信同样具有源远流长的历史。从语源学的角度，integrity(诚信)与integer相联系，意思是一个整数，integrity也与integration相联系，意思是把各个部分统一成一个整体。因此，从这个角度，诚信首先要求一个人能够珍视自己的主观愿望并且按其践行。“西方的‘诚信’是在地处地中海的罗马帝国繁荣的海外贸易和简单商品经济充分发展的基础上建立起来的。‘诚信契约’与‘诚信诉讼’在当时罗马成为最普遍的商业和司法原则。”[①]因此，西方诚信思想的一个重要特征就是它始终与契约观念联系在一起。在这种背景下，人们的交往就更需要外在的强制约束来维系他们的诚信体系，即通过强调契约化的约束来规范彼此的行为。应该说，这种社会契约的思想传统深刻地影响了西方的文化传统。《圣经》的《旧约》和《新约》讲的都是人与上帝的立约，根据宗教的精神，人如果违反约定，就要受到来自上帝的制裁，而上帝是无处不在、无所不察的，它是外在强制力量的最高权威代表。[②]

① 邹建平：《诚信论》，天津，天津人民出版社，2005。

② 郝晓敏：《诚信：社会主义市场经济的伦理支点》，郑州大学硕士学位论文，2005。

(一)国外关于诚信的研究

就我们掌握的资料来看，可以将西方的诚信研究简单地分为三个阶段，即萌芽阶段、确立发展阶段和繁荣阶段。

1. 萌芽阶段

萌芽阶段的西方诚信研究具有较强的“美德化”色彩。西方传统的四项美德是正义、勇敢、智慧和节制，其中正义与诚信是紧密相关的。柏拉图认为：在国家中“正义就是每个人都清楚他自己的适当的位置”；在灵魂中“正义就是灵魂各个部分履行其适当的和既定的职责”。① 柏拉图还将正义视为交往和买卖的原则，不诚信的牟利行为与正义是格格不入的。

2. 确立发展阶段

确立发展阶段的西方诚信研究以“契约化”为主要特征。西方诚信的确立得益于地中海罗马帝国贸易的繁荣。在当时，诚信契约成为罗马最为普遍的商业和司法原则。此后，在西方商业文明发展的带动下，“契约化”的诚信研究也随之不断发展。卢梭、霍布斯和马克思·韦伯等学者都对此进行了不同程度的研究和论述。

3. 繁荣阶段

在近现代，西方的诚信研究进入了繁荣阶段，各类诚信研究成果不仅在社会各界得到了较为广泛的应用与重视，而且出现了相互争鸣的现象。例如，拉姆齐认为诚信超出了个人的选择与个人的深层承诺相一致的范畴，为了获得诚信，一个人必须具有“实践的合理性”，就是说，一个人必须对于“基础美德”有一个“适当的态度”。② 哈芬认为具有诚信的人是那些能够忠于其认为是所有考虑的选择中最好的选择，并且在逆境中能够始终如一地坚持其承诺的人。③ 帕特里克·都贝尔和安德鲁·斯塔克认为诚信是一个变化的、隐秘的概念，诚信必须具有的隐含意义是“对道德原则的认同与性格本身的完美统一”。④ 维吉尔·

① ［美］阿拉斯代尔·麦金太尔著，龚群译：《伦理学简史》，北京，商务印书馆，2003。

② Hayden Ramsay & Sarah Buss. *Beyond Virtue*: *Integrity and Morality*. Ethics, 1999(3).

③ Mark S. Halfon & George W. Harris. *Integrity*: *A Philosophical Inquiry*. Ethics, 1990(1).

④ J. Patrick Dobel & Andrew Stark. *Public Integrity*. The American Political Science Review, 2001(1).

阿德里齐认为一个诚信的人是一个纯粹的、健康的、始终如一的人。[①] 阿尔伯特·玛斯臣加将诚信分为个人诚信、角色诚信和道德诚信。学生应该学习的是道德诚信，“道德诚信并不是指被动地、无思索地遵从社会的规则和惯例，道德诚信的前提假设是一个人已经自我认同了这些社会的价值和原则。一个人的社会道德经常与他生活的群体的道德大致相同，但是这也可以是批判地与这个群体的积极道德相关的。一个具有道德诚信的人不仅是忠于这个群体的积极道德中所包含的价值、原则和义务，而且他已经将这些价值、原则和义务内化为自己的‘德’，这就意味着他知道其中的基本原理，知道如何将其践行，并且批判地看待这些价值、原则和义务的应用”。[②]

从整体上看，西方对诚信的研究有四种研究取向，即主观主义的诚信和客观主义的诚信；作为个人美德的诚信和作为社会美德的诚信。其中，作为个人美德的诚信首先认定诚信是一种个人美德，在此基础上，又形成了三种诚信理论，即自我整合诚信理论、身份认同诚信理论和廉洁诚信理论。

(二)国外关于诚信教育的研究

从国外关于诚信教育的研究资料来看，研究重点主要放在诚实教育方面。无论是integrity还是honesty，都属于个人道德范畴，因而是可教育的。诚信的其他关联词如信任、信用等被普遍认为是制度和法律的结果，或者受社会结构和文化结构的影响，而和教育的直接关系不大。这样，诚信教育在西方可以上溯到古老的美德教育传统，并沿着德性论的道路直抵今天的道德生活和道德教育，诚信(诚实)教育成为品格教育的一部分而分享品格教育的原则、方法与模式。

哈桑和梅的研究是西方诚信(诚实)教育方面最有影响、最重要的研究，他们的研究颠覆了关于诚实教育的传统结论。科尔伯格的研究则从道德认知发展的角度，明确了诚信教育的可能路径。

在被科尔伯格称之为“关于儿童道德品行方面所作的最明确的实验研究”(1928)中，哈桑和梅发现以下几点。

第一，不可能将这个世界分为诚实的人和不诚实的人，几乎每个人都在某

---

① Virgil C. Aldrich. *Theory and the Integrity of Experience*. The Journal of Philosophy, 1946(14).

② Albert W. Musschenga. *Education for Moral Integrity*. Journal of Philosophy of Education, 2001(2).

些时候欺骗过人，欺骗的发生形成一种正态分布。

第二，即使某人在一种情形中骗人，但不能保证他在另一种情形下也会骗人，不同情形下的欺骗测验只有很少的相似性。换句话说，某个儿童在一种特定的情形下之所以欺骗并不是因为他有一种不诚实的品格特性。

第三，人们在口头上主张诚实的道德价值，但和他们的实际行动毫无关系。

第四，教师在班级内认为的诚实的人数与实验测量出来的人数并不相符。

第五，一个人决定欺骗与否在很大程度上取决于是否便利，是否欺骗取决于欺骗行为暴露的危险程度和欺骗所得的效果的大小。比起欺骗者，不欺骗的人并不是因为他更诚实些，而主要是更谨慎些。

第六，即使诚实的行为并不是因为害怕惩罚或被人察觉，也主要是取决于团体赞成和榜样的直接环境因素的影响(而不是取决于内部的道德价值)。

第七，诚实取决于文化价值的力量，但这些价值是相对的，是特定儿童所属的那个阶层和团体所特有的。①

这些发现意味着诚实行为与情境特点有密切关系，而不是单纯的诚实品质的结果。② 哈桑和梅的研究因其实证研究的确定性而得到广泛的认同，进而对当时广泛流行的品格教育产生了致命的冲击。哈桑和梅的实验研究通过实证的方法证明了诚实教育没有什么效果，因此据此形成的诚实教育观强调，教育者的主要精力不应该放在教授诚实的“品质”上，而应该放在致力于重构那种一贯的、经常的、成功的师生实践方式和健康情境，让学生想不到欺骗或者觉得没有必要不诚实。③

科尔伯格的研究并非简单地赞成哈桑和梅的结论。科尔伯格对欺骗的研究表明，在道德判断的低水平阶段，儿童对欺骗的拒绝(即对诚实的坚持)是不稳定的，但到了道德判断水平的成熟阶段，在正确推理的支持下，一贯的不欺骗是可能的。欺骗本身并不是道德判断成熟水平低的标志，但一贯的不欺骗却是

① [美]科尔伯格著，魏贤超、柯森等译：《道德教育的哲学》，杭州，浙江教育出版社，2000。

② Hugh Hartshorne & Mark A. May. *Studies in the Nature of Character*, (Ⅰ) *Studies in Deceit*, *Book One*, *General Methods and Results*. The Macmillan Company, 1928.

③ 刘次林：《诚实教育的思路与出路》，载《华东师范大学学报》(教育科学版)，2005(12)。

成熟水平高的标志。现有的证据可以清楚地证实，道德判断的阶段水平与道德行为之间存在着一定的确定性，因此促进道德思维的成熟对改善道德行为的长期目标来说是更适合的。① 科尔伯格的观点是，道德推理的成熟水平确实有益于诚实行为的一贯性，而道德推理水平的提高是可以通过教育给予积极影响的，即诚信(诚实)是可教的。

科尔伯格提出道义判断和责任判断两个概念，并分析了它们对道德行为的调控功能。道义判断指对道德上是否正确的事物的判断，而责任判断则是对是否依据道义判断而采取行动的义务判断，即主体根据道义判断来思考是否应该在行为上履行它。道义判断和责任判断是道德判断的两个阶段，责任判断指向并引发道德行为。科尔伯格认为，“责任判断是正义和公正的道义判断通往道德行为的桥梁”。学生实际的责任判断将来源于他们对道德气氛的认知。个人在真实生活中的道德决定(责任判断)总是在团体示范和团体决策过程中做出。因此，在许多情况下，道德教育的最好方法是努力改进个人做出道德决定时的道德气氛。②

通过进一步研究，科尔伯格认为，公正团体和民主学校的道德氛围较之传统学校更有益于儿童道德认知的成熟，更有利于儿童做出责任判断，并保持道德行为的一致性与连续性。因此，科尔伯格关于诚信(诚实)教育的基本观点可以概括为：通过促进儿童道德认知发展推动个体道德判断的成熟；通过改善学校道德气氛帮助儿童做出责任判断，以保证道德行为即诚实的发生；上述努力需要公正、民主的学校氛围和环境。

哈桑和梅的研究以及科尔伯格的研究，对诚实教育的认识与实施有很大影响。但他们的问题在于，都忽视了个体诚信观即道德观念对个体行为的导引功能。其中，哈桑与梅过于强调环境压力的作用，基本否定了个体道德行为内在机理的差异，也就否定了个体道德对环境积极性反应的意义和道德的内在价值；科尔伯格则以道德判断能力的发展作为道德发展的基础，却无法解释处于同一道德发展阶段的不同个体在道德行为选择上的差异性，没有看到道德观念对个体行为的影响。

在学术诚信研究方面，很多国外学者对大学生学术失信的定义、程度和原

---

① [美]科尔伯格著，魏贤超、柯森等译：《道德教育的哲学》，杭州，浙江教育出版社，2000。

② [美]科尔伯格著，魏贤超、柯森等译：《道德教育的哲学》，杭州，浙江教育出版社，2000。

因等进行了分析。在培养大学生学术诚信的研究中，一方面强调教师要通过采用一种更具有参与性的领导模式，在团队作业与个人作业之间创造一种平衡和寻找更多的机会与学生建立稳固的人际关系等方式，对学生施加积极的诚信影响；[①] 另一方面要在高校中建立学术诚信制度，此方面以唐纳德·迈克卡博与其同事的研究最具有代表性。[②]

在诚信教育方法的研究中，就我们掌握的资料来看，该方面的专门研究并不多，其中比较典型的代表是约翰·迪弛和阿尔伯特·玛斯臣的研究。约翰·迪弛从学科的角度出发，认为历史的学科基础就是说真话和信任，历史老师特别应该准备好帮助学生清楚理解学术诚信的标准，并培养学生集体对抗欺诈的团队精神。[③] 阿尔伯特·玛斯臣在较为系统的诚信研究基础上，认为教师应该培养学生的道德诚信。传授道德诚信的教育应该集中于增强学生动机中的自我满足感，促进学生的批判思维和想象思维的发展，提高学生的道德统一性。[④]

(三)对国外诚信及诚信教育研究的述评

从对国外诚信研究文献资料整理分析的情况来看，主要存在以下几方面的问题。

1. 对诚信的研究比较偏重于伦理学和社会学等学科，教育学、心理学对此的关注不够

以伦理学、社会学等学科为视角的研究，构成诚信问题研究成果的主要来源，教育学方面的研究成果次之，心理学方面的文献最少。这说明教育学和心理学这两个与“人”关系最为密切的学科并没有在诚信研究方面担当起主力军的角色。

2. 对诚信内涵的研究较为缺乏

纵观国内外的研究成果，多数伦理学、社会学方面的研究强调论证诚信的起源、发展以及对经济和社会发展的重要作用，而有关诚信内涵、性质、外延

---

① Patricia A. Hutton. *Understanding Student Cheating and What Educators Can Do About It*. College Teaching, 2004(1).

② Donald L. McCabe. *Academic Dishonesty & Educational Opportunity*. Liberal Education, 2005.

③ John Dichtl. *Teaching Integrity*. The History Teacher, 2003(3).

④ Albert W. Musschenga. *Education for Moral Integrity*. Journal of Philosophy of Education, 2001(2).

及其内在构成要素方面的深入研究较为缺乏。由于缺乏对诚信系统的微观分析，使得当前学术界对诚信的内在形成过程、不同诚信水平之间跃迁的主要机制等核心问题缺乏足够的了解。这使得各种改善诚信环境，提高个体诚信水平的措施缺乏有说服力的科学依据。

3. 诚信研究与诚信教育研究连接不紧密，致使诚信教育研究普遍落后于诚信研究

诚信教育研究应建立在诚信研究的基础之上，可以说诚信研究的水平很大程度上影响诚信教育研究的水平。从国外的诚信教育研究相关材料可以看出，其普遍晚于诚信研究。诚信教育研究更多的是从教育的角度出发讨论诚信问题，往往忽视了社会学、哲学中的诚信研究背景。这样不仅使诚信教育研究普遍落后于诚信研究，而且也使诚信教育研究缺少了强有力的理论支柱，这显然不利于诚信教育研究的深入开展。

4. 诚信教育研究在各个教育层次上分布不平衡

国外的诚信教育十分重视高等教育中的诚信缺失问题，而对基础教育中的诚信问题研究相对较少。虽然这与高等教育中诚信问题较为突出(如考试作弊和学术不端)有关，但也应当看到，诚信并不是成年人的专利，诚信与不诚信都是在人的成长过程中逐渐形成的。因此，要解决高等教育中的诚信缺失问题，就必须研究基础教育中的诚信教育问题。各个教育层次的诚信教育本应该是相互联系的一个体系，但是这一体系在国外的诚信教育中还没有系统地形成。加强对幼儿和中小学生诚信教育的研究是国外诚信教育应当加强的领域。

三、国内外诚信测量研究述评

作为诚信研究和诚信教育的重要组成部分，诚信测量是了解人们的诚信水平和发展特征，探究诚信或失信原因，寻找有效诚信教育途径的重要方式。因此，收集、梳理和分析国内外学者在诚信测量方面的研究成果、特点和问题，对我们深入了解现实社会的诚信现状和主要问题，并提出相应的教育对策具有重要意义。

(一)国内有关诚信测量的研究

国内的诚信测量研究主要由诚信教育研究者进行。根据研究视角的差异性，可以将国内的诚信测量研究成果分成两类：一类主要测量不同学段学生的诚信状态和水平；另一类是对学生的诚信心理品质构成要素进行测量和分析。

1. 对不同学段学生诚信状态和水平的测量和分析

按照不同的教育层次梳理我国的诚信测量研究，可以发现，其发展呈不均衡状态。高等教育中的诚信测量研究占据了主导地位，而对小学、初中和高中学生的相关研究，数量较少，水平较低。这些研究的共同特点是：在对学生诚信现状进行较为充分的调查与分析的基础上，研究者提出各自的诚信教育见解。

在高等教育的诚信测量研究中，高玉平等从对诚信含义的认知、对诚信价值的判断、对周围环境诚信状况的评价和大学生自身的诚信现状等四个方面入手，编制了测量问卷，并对湖北大学生诚信状况进行了问卷调查，而后分析总结了湖北大学生的诚信现状，即当代大学生对诚信价值认同度很高但实践度较低；对周围环境的诚信状况普遍不满，但对身边的同学和朋友比较信任；希望成为一个诚信的人，但其诚信信念又很不坚定等。① 类似的研究还有王卫平、方爱山的《新时期大学生诚信现状及诚信教育的对策》，姜伟的《大学生诚信状况调查研究》，龙景奎、陈韶君的《大学生诚信度评价系统设计》，曾秀兰的《当前大学生诚信状况的三大隐忧》，陈晓晖等的《关于大学生诚信状况的调查与分析》等文章②。另外，台州师范学院的魏源还曾对美国的刘易斯·戈德堡的诚信量表做了中国化修订，并在一些高校进行了实测。

一些学者对中学生诚信状况进行了初步的测量和分析。例如，罗文选取了广西境内的8所中学，从诚信认知和诚信行为两个方面，采用问卷调查为主、个别访谈和小型座谈会为辅的方法，对中学生诚信进行了测量。③ 类似的研究还有吴晓惠的《诚信教育与当代我国中学生诚信度表现》④等。

---

① 高玉平等：《对湖北大学生诚信状况的调查》，载《中国职业技术教育》，2006(3)。

② 王卫平、方爱山：《新时期大学生诚信现状及诚信教育的对策》，载《石河子大学学报》(哲学社会科学版)，2004(S1)；姜伟：《大学生诚信状况调查研究》，载《中北大学学报》(社会科学版)，2006(2)；龙景奎、陈韶君：《大学生诚信度评价系统设计》，载《现代教育科学》，2006(7)；曾秀兰：《当前大学生诚信状况的三大隐忧》，载《中国青年政治学院学报》，2006(6)；陈晓晖等：《关于大学生诚信状况的调查与分析》，载《思想教育研究》，2007(2)。

③ 罗文：《中学生诚信教育问题探析》，广西师范大学硕士学位论文，2007。

④ 吴晓惠：《诚信教育与当代我国中学生诚信度表现》，载《基础教育参考》，2005(3)。

2. 对学生诚信心理品质构成要素进行的测量和分析

根据学生诚信品质的构成，可以将诚信测量分为诚信认知测量、诚信情感测量、诚信意志测量和诚信行为测量等。就我们掌握的资料来看，对诚信认知和诚信行为测量方面已经有了一些研究成果，目前尚未发现有关诚信情感和意志测量方面的专门研究。在诚信认知测量方面，许多学者都认识到了诚信认知和诚信行为不一致的问题，并提出了改善这一问题的教育建议，如赵喜顺从市场经济条件下对守信重要性的认识和对诚实重要性的认识两个方面，对四川的5055名被试进行了诚信认知测量。① 类似的研究还有许宝林的《浅论对在校大学生诚信观的培养》②等。在诚信行为测量方面，一些学者运用观察的方法，对学生的诚信行为与失信行为进行了调查，并对其成因进行了初步的分析，如吴国祯分析了当前一些中学生的不诚信行为，并提出了相应的教育建议。③ 类似的研究还有庞小燕的《高校学生诚信行为选择的博弈分析》④等。

(二)国外诚信测量研究综述

就我们掌握的资料来看，国外诚信测量研究具有较强的实用性。根据其应用目的的不同，可以将其分成两类，即以甄选员工为目的的诚信测量研究和以培养大学生学术诚信为目的的诚信测量研究。

1. 以甄选员工为目的的诚信测量研究

在国外，诚信测量有两个通用的名称，即 Integrity test 和 Honesty test。目前，应用最多的诚信测量方法主要有三个，即里德报告、员工甄选量表和斯坦顿测量。⑤ 这些诚信测量通常以笔试的形式，较为广泛地应用于与现金、商业交易或与安全有关的员工甄选。我们注意到，这些诚信测量方法也受到了很多学者的批评与质疑。其主要观点有：这些诚信测量方法并不是真正建立在人格理论基础之上的；被试可以通过伪装等方式在测量中获得高分；测试者往往

---

① 赵喜顺：《诚信的认知及行为调查分析》，载《中共四川省委省级机关党校学报》，2004(1)。

② 许宝林：《浅论对在校大学生诚信观的培养》，载《齐齐哈尔大学学报》(哲学社会科学版)，2006(6)。

③ 吴国祯：《中学生不诚信行为探析》，载《人民教育》，2004(2)。

④ 庞小燕：《高校学生诚信行为选择的博弈分析》，载《南京航空航天大学学报》(社会科学版)，2004(1)。

⑤ Stephen J. Guastello & Mark L. Rieke. *A Review and Critique of Honesty Test Research*. Behavioral Sciences and the Law，1991(9).

缺少专业的心理学训练，不能对被试的测试结果做出专业的判断等。[①] 还有学者从测量的应用范围，被试测量成绩的可信度，测量是否达到了其预期的测量目标，测量成绩是否清晰地呈现了个人诚信的差异性，测量过程中测试与被试双方的协作程度和所需要的成本、时间和设备等，以及测量人员是否需要特殊训练等维度对诚信测量进行了结构性调查，其结果显示测量成绩不能清晰地呈现个人诚信的差异性，以及测量过程中侵犯了被试的个人隐私权。[②] 基于此，有学者对目前已有诚信测量做出了较为中肯的评价："诚信测量虽然对于甄别那些反企业绩效的行为很有效，但是在现实的应用中，其不能作为员工甄选的唯一标准。"[③]

目前，以员工甄选为目的的诚信测量出现了三个新的变化：其一，很多心理学家逐渐参与到这一测量中来；其二，逐渐出现了多元化的市场需求导向；其三，逐渐出现了多元化市场需求导向下的多种诚信测量方式。[④] 最近国外新出现的诚信测量方式有清单式测量、OTA 报告和 APA 报告等。[⑤]

2. 以培养大学生学术诚信为目的的诚信测量研究

国外一些学术诚信教育研究者对学术诚信的反面——学术失信，进行了较为深入的研究。早在 1978 年，帕维拉以简明的方式对大学生学术失信进行了如下界定：学术欺诈——在学术训练中故意采用或试图采用未经许可的材料或信息；学术伪造——在学术训练中，故意或在未经授权的情况下伪造信息；促使学术失信——故意帮助别人违背有关学术诚信的规定；学术剽窃——在未得到当事人许可的情况下，故意采用或复制该当事人的观点或词句等。[⑥] 有学者将学生的学术剽窃分成了五类，即把集体的作业当作个人作业进行展示；使用

---

① Stephen J. Guastello & Mark L. Rieke. *A Review and Critique of Honesty Test Research*. Behavioral Sciences and the Law，1991(9).

② Iain Coyne & Dave Bartram. *Assessing the Effectiveness of Integrity Tests：A Review*. International Journal of Testing，2002(2).

③ James E. Wanek. *Integrity and Honesty Testing：What Do We Know? How Do We Use It?*. International Journal of Selection and Assessment，1999(7).

④ Paul R. Sackett. *Integrity Testing for Personnel Selection*. Current Directions in Psychological Science，1994(3).

⑤ Stephen J. Guastello & Mark L. Rieke. *A Review and Critique of Honesty Test Research*. Behavioral Sciences and the Law，1991(9).

⑥ Pavela G.. *Judicial Review of Academic Decision-making After Horowitz*. School Law Journal，1978(8).

他人的研究成果，包括从商业机构中购买论文；同一篇论文在不同课程中重复使用；对一个资料来源进行抄袭而未进行相应的注释或说明；无论是否经过另一个学生的允许而提交另一个学生的论文。① 还有学者对学术失信的性质进行了描述，即“从教育学的角度讲，学术失信的真正过错在于其不仅是不诚实的表现，更是对学习的一种排斥与否定”②。总之，学者们对大学生学术失信的界定，为清晰地呈现大学生学术诚信的现状奠定了坚实的理论基础。

在对大学生进行学术诚信测量的研究中，以唐纳德·迈克比与其同事的研究最具有代表性。大学生学术失信不仅已经在国外大学校园中流行，而且还出现不断上升的趋势。根据唐纳德·迈克比2005年的调查结果，已有40%的大学生承认曾经在考试中作弊。③ 根据近期学术诚信委员会的报告，75%的大学生承认曾经不同程度地参与过学术失信的行为，而且CAI的报告中还显示，在重要考试中的学术欺诈或学生非法合作的比率呈上升趋势。④

根据CAI的报告，32%的学生认为作弊的主要原因是懒惰，29%的学生是为了获得更高的成绩，12%的学生是出于成功的压力，因为能够在作弊中成功逃脱，50%的学生并不认为作弊是错误的。⑤ 在问卷调查与分析的基础上，唐纳德·迈克比与其同事提出了很多培养学生学术诚信的教育建议。其中典型的代表是唐纳德·迈克比的《学术失信与教育机会》和唐纳德·迈克比与盖瑞·帕维拉的《关于学术诚信的一些好消息》等。

（三）国内外诚信测量研究的特点和问题

1. 由于对诚信概念、构成要素以及要素之间的关系等缺乏深入的理论分析，因此目前研制出的诚信量表、问卷等多数存在片面性、表面化的问题

诚信测量应建立在对诚信构成要素及其相互关系深入研究的基础上，可以

---

① Chris Park. *Rebels Without a Clause: Towards an Institutional Framework for Dealing with Plagiarism by Students*. Journal of Further and Higher Education, 2004(3).

② Matthew S. Willen. *Reflections on the Cultural Climate of Plagiarism*. Liberal Education, 2004.

③ Sara Mitchell. *Penguins and Plagiarism: Stemming the Tide of Plagiarism in Elementary School*. Library Media Connection, 2007.

④ Patricia A. Hutton. *Understanding Student Cheating and What Educators Can Do About It*. College Teaching, 2004(1).

⑤ Patricia A. Hutton. *Understanding Student Cheating and What Educators Can Do About It*. College Teaching, 2004(1).

说，诚信理论研究的水平很大程度上影响着诚信测量研究的水平。目前国内外诚信测量研究大多数都存在追随现实需求，具有很强的应用色彩，但理论基础并不坚实的问题，这主要表现在以下两个方面。

(1)对诚信概念缺乏统一的认识

基本概念在学术研究与学科建设中具有重要意义。清晰的学术概念能帮助人们进一步确立和深化理论研究。就目前的诚信教育研究现状而言，我们尚未找到国内外对于诚信教育的明确界定。因此，这种诚信教育概念的多意性与模糊性妨碍了诚信教育研究的进一步科学化、系统化。

国内对诚信一词的翻译尚存在分歧，有些学者将诚信翻译成 honesty，有些学者则翻译成 integrity。这种分歧既不利于我们有效地借鉴国外有关诚信的研究成果，也不利于我们在统一的概念体系中进行深入的探讨和交流。而国外在这方面的问题也不少，他们普遍将 Honesty tests 和 Integrity tests 混用。我们分别以 honesty 和 integrity 作为关键词在外文数据库中进行检索，经过反复阅读和比较，得出的结论是，integrity 更接近我国的诚信概念。因此，integrity 作为诚信的对译词是比较合理的，国外的诚信测量也应该对译为 Integrity tests。

由于所定义的诚信概念不同，国内外的诚信测量研究中都出现了以“诚”为测量重点和以“信”为测量重点的不同研究取向。例如，国外以员工甄选为目的的诚信测量研究更多关注“诚”的测量，以培养大学生学术诚信为目的的诚信测量研究更多关注“信”的测量。多数国内的诚信测量研究将“诚”的测量与“信”的测量混用为诚信测量，少数国内的诚信测量研究将“诚”的测量与“信”的测量分别进行，但并没有清晰地呈现“诚”和“信”的区别性与关联性。因此，虽然目前国内外有关诚信的量表和问卷很多，但由于对诚信概念的认识存在混乱性，多数量表和问卷所测量的数据间都难以进行比较和分析。因此，要想推进诚信测量研究的深入发展，首先应在当代社会条件下，逐步统一人们对诚信内涵和外延的基本认识和理解。

(2)维度设计所依据的理论基础不坚实

量表的维度设计应建立在系统、全面的理论分析的基础上，但我们所看到的多数量表和问卷，所依据的理论基础并不坚实。这方面的问题不仅在国内研究中十分突出，也是国外相关研究中的薄弱环节。首先，在构成诚信品质的四个基本要素中，有关测量人的诚信情感和意志水平的研究还十分薄弱，这大大影响了我们对人诚信品质发展水平的整体把握。其次，用量表的方式测量人的诚信行为，其信度很容易受到受测者利益权衡和环境压力的影响，具有明显的不确定性。因此观察的方法在评价人的诚信行为方面将更有优势。最后，目前我们所看到的诚信量表或问卷，在人的诚信观测量的维度设计上普遍缺乏系统性和全面性，不能全面反映人的诚信观的构成特征。我们认为，这些问题表面看来自于量表设计，实质上是我们对人诚信品质的认识还不深入和系统。量表信度、效度的提高，有赖于理论上的新突破。

就人的诚信观而言，我们认为，它包括内容、标准、价值三个基本方面，对己和对他两个基本范畴及对象、利益预期、频度和情境约束四个基本维度。只有按照上述方面设计量表和问卷，才能比较全面、系统地考察人的诚信观的构成特征和发展水平。目前我们已经设计出这样的问卷用于测量我国儿童、青少年诚信观的发展水平和年龄特征。

2. 国内关于诚信测量方面的研究起步不久，研究总体上落后于国外的相关研究

国外 20 世纪 90 年代的诚信测量研究资料显示，其“诚信测量有 50 多年的历史”①。因此，可以推断，国外的诚信测量研究到目前已有 60～70 年的历史。而国内的诚信测量研究则是 21 世纪初的产物。国外的诚信测量已经形成了较为成熟的测量模式，而国内的诚信测量多以表象性调查为主，侧重于学生在日常生活中的诚信认知或诚信行为表现。虽然 21 世纪初我国个别学者进行了国外量表的中国化尝试，但总体而言，国外的诚信测量研究在研究的起始时间、研究成果的数量与质量等方面均要优于国内的诚信测量研究。

3. 以成年人为研究主体的特征明显，对儿童、青少年诚信测量的研究尚处于起步阶段

诚信测量“以成年人为主”主要表现在以下两个方面。其一，市场利益极大地刺激了国外以员工甄选为目的的诚信测量研究的发展。在国外，诚信测量甚至被认为是职业人格量表的原型。② 而且，多年的实践表明，诚信测量对于企业甄选员工有一定的参考价值。在这种情况下，劳动力市场上以甄选各种职业员工为目的的诚信测量需求日益旺盛。这极大地激发了行为学和心理学研究者的热情，促进了诚信测量研究的发展。其二，国内外的教育研究者都十分重视

---

① Paul R. Sackett. *Integrity Testing for Personnel Selection*. Current Directions in Psychological Science，1994(3).

② Deniz S. Ones & Chockalingam Viswesvaran. *Integrity Tests and Other Criterion-Focused Occupational Personality Scales (COPS) Used in Personnel Selection*. International Journal of Selection and Assessment，2001(2).

高等教育中的诚信测量，而对初等和中等教育中的同类研究较少。人们关注高等教育中诚信问题，首先是因为近些年高校中的诚信问题变得越来越突出。但是，要解决职场和高等教育中的诚信缺失问题，必须密切关注儿童、青少年的诚信发展问题。如果一个人从小就打下了良好的诚信基础，相信他更可能会在高校和职场中表现出良好的诚信品质。研制符合不同年龄儿童、青少年身心发展水平的新量表或问卷，将会成为今后诚信测量研究的重点。

综上，诚信测量研究的最终目的不是给人们加以“诚信”或“不诚信”的标签，而是在发现人们诚信问题的基础上，找出诚信问题的根结，通过诚信教育推进整个社会诚信水平的提高。诚信品质是人在不断成长的过程中逐渐形成的，诚信测量应该适应处于不同成长阶段的儿童和青少年。诚信是由“诚”与“信”两个既相互区别又紧密联系的道德规范组成的，诚信测量应该有区别地测量学生的“诚”的品质与“信”的品质，并关注两者之间的联系。这样的诚信测量研究必然会对诚信研究、诚信教育研究及整个社会的诚信发展起到积极的推进作用。

四、对诚信观构成的理论分析

近些年我国实施诚信教育的效果并不十分理想。分析其原因，除了社会性诚信环境尚待改善外，教育者对人的诚信观念、诚信行为等的形成特征和发展规律缺乏深入的研究，致使许多教育举措缺乏科学依据和针对性，也是重要原因。我们认为，诚信与人道德的其他构成要素一样，由知、情、意、行四方面构成。研究诚信虽然可以有多种起点，但对诚信观的研究处于关键地位并具有基础性的作用。本文尝试分析人的诚信观的构成特点，并据此提出有针对性的教育建议。

(一)东西方对诚信的不同理解

在中国传统的道德理念中，“诚”与“信”既具有同一性，又存在一定的差异性。所谓“同一性”，是指虽然人们对“诚”“信”有多种解释，但其基本含义都是真实不欺。所谓的“差异性”是指“诚”与“信”属于不同层次范畴。孔子认为：“诚者，乃做人之本”。① 荀子说：“天地为大矣，不诚则不能化万物；圣人为知矣，不诚则不能化万民；父子为亲矣，不诚则疏；君上为尊矣，不诚则卑，

① 《论语·为政》。

夫诚者，君子之所守也，而政事之本也。”①可见，在儒家的诚信思想中，“诚”处于核心的位置，是“信”的依据和根基，而“信”是“诚”的外在体现。②

在西方，诚信作为人们基本的道德行为规范，同样具有源远流长的历史。从语源学的角度，“integrity”与“integer”相联系，意思是一个整数，“integrity”也与“integration”相联系，意思是把各个部分统一成一个整体。从这个角度分析，诚信具有前后一致、言行一致的整体性特征，这是一个方面。另一方面，“西方的‘诚信’是在地处地中海的罗马帝国繁荣的海外贸易和简单商品经济充分发展的基础上建立起来的。‘诚信契约’与‘诚信诉讼’在当时罗马成为最普遍的商业和司法原则”。③ 因此，西方诚信思想的另一个重要特征就是它始终与契约观念联系在一起。应该说，这种强调彼此约束的社会契约的思想传统深刻地影响了他们对诚信内涵和功能的理解。

通过以上的分析，可以得出这样的结论：在中国古代诚信文化中，诚处于核心的位置，人们更关注其自律的价值，正所谓“其身正，不令而行，其身不正，虽令不从”④。而在西方的诚信文化中则信处于核心的位置，人们更多地关注诚信制度对人的约束，具有清晰的律己和律他的双重制约价值。

(二)现代意义上诚信的基本内涵

古今中外，虽然诚信作为人类道德的基础和根本受到极大的关注，但人们对诚信内涵和外延的定义和理解却有不小的差异。这不仅影响了当代诚信研究的发展，也制约了在国际化条件下，诚信作为普遍的道德原则在各国和各民族中的交流和实践。因此，在探讨诚信教育的有效对策之前，有必要依据当代社会的期望和需求，对诚信的内涵做出新的定义。

我们认为，诚信是指主体能够按其主观意愿，在做出主观判断的基础上，真实地表达客观事实及其主观判断，做出相应的承诺，并按此践行的一种道德规范或品质。和其他道德特质一样，作为“道”，它表现为社会对人们诚信行为普遍的规范性要求；作为“德”，它是具体个人在诚信方面所表现出的心理和行为上的品质特征。

作为个人的道德特质，诚信包括相互联系的“诚”(诚实)和“信”(守信)两部

---

① 《荀子·不苟》。

② 洪跃雄：《诚信辨析》，载《江汉论坛》，2006(1)。

③ 邹建平：《诚信论》，天津，天津人民出版社，2005。

④ 《论语·子路》。

分，其中“诚”是指主体对其所感知到的客观事实和相应的主观判断进行真实表达的心理和行为品质，其表现为讲真话、不说谎。详细分析起来，它又包括两个基本方面：一是客观事实和主观判断之分。观察表明，人们所面对的诚实事件可分为客观事实和主观判断两类。在人诚实品质发展的早期阶段，人们更容易真实表达所感知到的客观事实，而谨慎表达自己的相应判断。这主要是因为后者会更多地关涉相应的利益冲突。例如，许多学生可以真实地表述老师体罚学生的事实，但不愿意表述自己相应的是非判断。因此，可以将真实表述主体的主观判断，作为人诚实品质发展进入较高阶段的重要标志之一。二是隐性与显性之分。隐性的“诚”是指主观上愿意表达客观事实和相应的主观判断，但迫于环境压力而没有做出表达的心理和行为品质；显性的“诚”是指不仅主观上愿意，而且在客观上实现了真实表达的心理和行为品质。相对于隐性的“诚”来说，显性的“诚”处于人诚实品质发展的高级阶段，是现代社会所期望的诚实品质。同时，它对推进学生诚信品质的发展具有重要价值。因为真实表达的过程不仅是行为主体自我肯定“诚”的过程，更是自我强化“诚”的过程。同时，显性的“诚”为下一步“信”的健康发生和发展奠定了重要基础。

“信”主要指主体能够在做出道德判断的基础上，对其道德判断进行真实的表达，做出相应的承诺，并按此践行的心理和行为品质，表现为讲信用、说到做到。“信”的发生是主体首先做出主观判断，而后进行相应的承诺，最后付诸行动、落实承诺的过程，即判断→承诺→践行。“信”的发生必须满足两个条件：其一，行为主体所做出的判断、承诺和践行必须逐次发生，不能缺失；其二，在“信”发生的过程中，行为主体所做出的判断、承诺和践行必须是一致的。需要特别指出的是，行为主体的主观判断不同于主观愿望。主观判断是行为主体结合其所处的情境和主观愿望进行思维加工的结果。在某些情境的压力下，行为主体很有可能做出有悖于其主观愿望的判断。这说明，在人类的实践中，实际上存在两种不同性质的守信行为：一种在起始时，人的主观判断便与行为主体的真实愿望完全一致；另一种则因掺入了多种环境因素，其主观判断并不与真实意愿保持一致。前一种“信”是以较高水平的“诚”为基础的，而后一种“信”则有些偏离了“诚”的轨道，或者说其所依托的“诚”还处于较低的水平。

诚实和守信原本是两个不同的道德规范，随着时代的发展和需求，已经逐渐演变成了一个整体，并以其特定的内涵在现代人的社会生活中发挥着重要的作用。在完整的诚信体系中，“诚”和“信”既有区别，也有更为紧密和清晰的联系。“诚”和“信”之间的这种紧密联系主要表现在，在现代社会中，人们已经把诚实作为“信”真正实现的基本前提。在“信”逐次发生的链条中，存在前后相继的两个必要环节，即判断→承诺和承诺→践行。前面已经分析过了，在第一个环节中，行为主体实际上存在两种选择：一是按其主观意愿真实地表达主观判断；二是迫于环境压力违心地表达主观判断。显然，前一种“诚”处于较高级发展阶段。如果没有这种较高级的“诚”，即行为主体所做出的承诺并不是其主观愿望的真实表述，那么“信”发生的一致性链条的第一个环节就会被扭曲，随后“信”的行为也很容易中断。所以，在现代意义的诚信观中，人的真实判断与其真实意愿应当是高度一致的。这也正是现代诚信观的进步所在，是现代诚信观与传统诚信观的主要区别点。这种诚信观与现代司法要求真实反映当事人主观愿望的原则也完全一致。

上述分析表明，随着社会道德文明的进步与发展，人们对诚实与守信有了更深刻的理解和认识。将其紧密地联系在一起作为一个道德规范，既反映两者之间的内在联系，也反映了时代对人们诚信心理和行为的更高要求。我们在对青少年进行诚信教育时，应当顺应历史发展的潮流，使之符合现代诚信观的发展性要求。

(三)诚信观的构成

诚信观是人对诚信的基本看法，是人们界定诚信内涵，评定其价值和水平高低的基本取向和内在标准。诚信观不仅是人诚信行为的起点，而且在一般情况下，多数人对诚信的基本看法，就构成了该社会主流的诚信观，从而对整个社会的诚信状态发生重大影响。因此，研究个体诚信观的构成特点和社会群体诚信观的取向特征，对研究诚信和诚信教育问题都具有十分重要的意义。我们认为，人的诚信观大致包括以下三个基本方面。

1. 对诚信所指向的基本内容的把握

对诚信内容的把握包含两个方面：一个是外壳，另一个是内涵。所谓外壳指的是语义学意义上对“诚信”的了解，即一个人知不知道表达诚信的词汇。所谓内涵指的是一个人所理解的诚信指的是哪些方面。关于诚信的内涵，前面我们已经做了分析，在现代意义上，它应当包括“诚实——讲真话，不撒谎”和“守信——说到做到”两个基本方面及其关联特征。但是，不同个体在把握和理解诚信内涵方面具有重要差异。我们不能把一个人的诚信观看成是另一个人的诚信观，把社会主流的诚信观看成是所有人的诚信观。

2. 对诚信行为评定标准的把握

人们在评价诚信事件时，必须使用一套事先在内心形成的标准体系，这套标准处于人诚信观的核心位置。观察发现，人们在评判一个人或一件事是否具有诚信特征时，在面对不同的人或事时所使用的标准是不一样的。为此，我们尝试着建立一种由两个基本范畴和四个基本维度构成的人的诚信标准结构体系，它基本涵盖了人评价诚信问题所面临的基本对象和情境。在四个基本维度上，我们标注出了人的诚信观由低到高发展的趋向性特征。这就为进一步深入考察和评价一个人的诚信观发展水平提供了具有操作意义的重要前提。

(1)两个基本范畴

在对诚信事件的观察中，我们发现在诚信的评定标准上，实际上存在两个基本范畴，即对己和对他(可能在少数人那里这两个范畴是弥合的或部分弥合的)。我们设想，绝大多数人在这两个范畴中的诚信评定标准存在差异。一般人或许对自己的诚信行为所设定的内在评定标准相对较低，而对他人的诚信行为所设定的标准偏高。正是由于内存着这样两个不同的范畴，我们应该对人们有时候表现出的“言不由衷”或“言行不一”的状况做具体分析。

事实上，“言不由衷”或“言行不一”存在三种状态：第一种是行事策略，即为了达成目的，故意表现出违背内心真实意愿或观念的言行(一般伴随着积极的情感体验)。第二种是基于环境压力，被迫表现出违背内心真实意愿或观念的言行(一般伴随着不良的情绪体验)。需要指出的是，在人的观念构成中也有情境约束维度，如果评估超出了情境约束维度的极限，相关情境即变成环境压力。所以，同一情境或环境变因，在不同人身上启动的内在影响机理是不同的。第三种分别使用对他和对己两种范畴中的诚信标准实施评价、表达或行为约束(一般伴随着积极的情感体验)。如果这时对外表达的是对他(律他)的诚信标准，而约束自己行为的是对己(律己)的诚信标准，那么看上去仍然是“言行不一”或者“说一套做一套”。例如，有的人经常说谎，但并不伴随着消极的情绪体验，但如果发现有人对他撒谎，便勃然大怒。说明在诚信观念对己和对他两种范畴中，此人存在不小的差异。曹操所说的“宁负尽天下人，不要天下人负我”，印证的也是这种情况。我们认为，前两种是真正意义上的“言不由衷”或“言行不一”，而在第三种情况中，他们的言行实际上仍然是其意愿或观念的真实表达，是“言自由衷”或“言行一致”。之所以在此方面会出现误解，是因为人们一直认为诚信观念只存在一种范畴。如果用一种范畴的观点看，只能将言与行间的差异解释为“言不由衷”或“言行不一”。判断第三种与第一种的界限是“是否故意”；判断第三种与第二种界限的标准是“是否具有积极的情绪体验”。也就是说，如果一个人做了看上去“言不由衷”或“言行不一”的事，而又不是故意的，同时伴随着积极的情绪体验，那么此人在对他与对己两种诚信观范畴中一定存在着不小的差距。

在此项研究中，我们重点研究第三种情况，其原因是从观念到行为是人类活动的基本特点，在多数情况下，人的观念与言行是一致的，观念的差异必然带来言行的差异。

关于一个人如何将观念形态的东西转变为行为，傅维利在《真实的道德冲突与学生的道德成长》①中提出的相关理论以及科尔伯格关于道义判断与责任判断的观点，都有一定的参考价值。我们认为，道义判断可能是基于对他的范畴，而责任判断可能是基于对己的范畴。如果按照科尔伯格的理论，一个人只有从道义判断转变为责任判断，才可能导致行动，那么从观念到行动的实现路线应当是：观念(对他范畴)→观念(对己范畴)→行动的心理倾向→行动实现。

(2)四个基本维度

维度选择的三个原则：一是能尽最大可能涵盖人们在现实生活中遇到的所有诚信事件；二是可以较好地呈现出不同人内在诚信标准的不同特点；三是能充分地表现出人诚信标准从低向高的连续性发展特征。

在对己范畴中包括三个基本维度，即利益预期维度、频率维度和情境约束维度，而在对他范畴中则包含了四个基本维度，即对象维度、利益预期维度、频率维度和情境约束维度，具体分析如下。

第一，对象维度。以熟悉→陌生为维度发展的主导方向，即在关涉利益的诚信问题上，人们可能对熟人使用较高的诚信标准，而对陌生人使用较低的诚信标准。如果一个人说，“你对别人撒谎还可以理解，但对我撒谎是绝对不能容忍的”，或者说，“你答应别人的没做到还可以理解，但答应妈妈的也没做到是绝对错误的”，那么评价者和被评价者间一定有很亲近的关系。也就是说，如果一个人不仅对熟人而且对陌生人也使用了较高的诚信评价标准，那么这个人的诚信观就达到了较高的水平。

熟悉→陌生的发展脉络大致是：血缘系列→朋友系列→小团体系列(如同学、同事、同乡)→大团体系列(如同民族、同国家)。其诚信标准发展特征应当是：伴随着从熟悉→陌生的方向，诚信观在此维度也表现出由低向高的发展特征。

第二，利益预期维度。以面对获得低利益事物→面对获得高利益事物为维

① 傅维利：《真实的道德冲突与学生的道德成长》，载《教育研究》，2005(3)。

度发展的主导方向，即如果评价人只对低利益关切事件坚持较高的诚信标准，而对高利益关切事件却给予较低的诚信标准，那么他在这一维度上处于较低水平；如果在高利益关切事件也坚持较高的诚信标准，那么他在这一维度上处于较高水平。

由于利益相关可以表现出性质不同的两类，一类对自己或被评价者有利，在这种情况下，人们一般会全面肯定诚信法则；另一类是对自己或被评价者有害，即说真话或守信用会明确损害自己或被评价者的利益。在这种情况下，人们一般会降低诚信的内在评定标准，而且有损自己或被评价人利益的程度越高，相应的内在诚信评定标准会定得越低。因此，在这一维度上，我们重点考察利益丧失的情况，即伴随着诚信事件与被评价人利益丧失的小大，其诚信观在此维度上的也表现出由低向高的发展特征，即诚信观发展水平较高的人，不仅在利益丧失小的情况下会坚持诚信的标准，而且在利益丧失大的情况下也坚持诚信的标准。

第三，频率维度。以偶然发生→持续发生为维度发展的主导方向，即如果一个人对自己或被评价人偶然表现出诚信行为便认定为诚信，那么此人在这一维度上处于较低水平，反之处于较高水平。

其诚信标准在此维度上的发展特征是：伴随着诚信行为发生频率的上升，评定人的诚信观也呈现由低向高的发展特征。

第四，情境约束维度。以情境约束严紧→情境约束宽松为维度发展的主导方向，即对待同一诚信事件，如果情境的约束力高的时候，评定人认为该讲诚信，而在情境的约束力低的时候，评定人就认为不一定讲诚信，说明此人的诚信内在标准处于较低水平。如果一个人在任何情境约束条件下，都表现出较高的诚信要求，说明此人的诚信内在标准处于较高水平。

其诚信标准在此维度的发展特征是：伴随着情境约束力由强到弱，人的诚信观在此维度上的发展也表现出由低向高。

3. 对诚信价值的把握

价值是人们对事物存在意义和应当具有的作用的判定，不同的人对诚信价值的判断可能具有明显的差异。我们从两个维度上考察这种差异。

(1)个人维度

这一维度主要考察人们对诚信对个人生存与发展价值的看法，以低价值→高价值为维度发展的主导方向。如果一个人对诚信的个人价值有较低的评估，说明此人在此诚信观维度上处于较低水平，反之处于较高水平。

(2)团体维度

这一维度主要考察人们对诚信对团体生存与发展价值的看法，以低价值→高价值为维度发展的主导方向。如果一个人对诚信的团体价值有较低的评估，说明此人在此诚信观维度上处于较低水平，反之处于较高水平。

在团体维度上可以按团体内部的联系特征和利益关联的紧密程度细分出血缘团体(如家庭、家族)；同伴团体(人们切实在一起工作、学习或生活，如班组、班级、宿舍、社区)；意义团体(在某种意义上属于一个团体，如国家、民族、大洲)。

由于这些团体与评估人的利益关联程度呈由紧到松的发展走向，因此其诚信观在此维度上也应呈现相应的发展走向。

当诚信能为团体带来利益的时候，价值评估可能没有显著差异。当诚信能为团体带来伤害的时候，伴随着利益关联程度呈由松到紧的发展走向，评估人在此维度上发展水平呈现由低到高的发展走向。

五、对诚信教育的启示

诚信教育隶属道德教育的范畴，是培养学生“讲真话，说到做到”的道德品质的教育。其主要任务是提高学生的诚信认知，陶冶学生的诚信情感，锻炼学生的诚信意志，训练学生的诚信行为。

个体在解决诚信问题的过程中，由于从诚信认知到诚信行为是主流程，因此适时地促进学生由诚信认知转化为诚信行为就成为诚信教育的关键环节。

诚信教育又可以有广义的诚信教育和狭义的诚信教育之分。广义的诚信教育包括学校的诚信教育和学校以外的机构性和非机构性的诚信教育活动，狭义的诚信教育专指学校内部的诚信教育。因为学校中的诚信教育活动是由专职人员和专门机构承担的，是有目的、有系统、有组织地，以促进学生诚信品质发展为目标的社会实践活动，所以与其他的诚信教育活动相比，学校的诚信教育活动更为专门化，具有鲜明的系统性、目的性与组织性。

对人诚信观的深入分析，能启示我们合理地把握诚信教育的方向，提高诚信教育的效果。

(一)恰当地把握诚信教育的顺序

诚信教育包括诚实教育和守信教育两个基本方面，但在如何恰当地处理好两者的关系上还存在不少模糊的认识。有人主张先实施诚实教育，有人主张先实施守信教育，还有人主张同时推进诚实和守信两种教育。

上述理论分析告诉我们，在现代诚信观的视域下，“诚”是“信”的基础，“信”中隐含部分的“诚”。在“信”发生的一致性链条中，存在前后相继的两个必要环节，即判断→承诺和承诺→践行。当主体所做出的承诺并不是其主观愿望的真实表述，那么“信”发生的一致性链条的第一个环节就会扭曲，随后“信”的行为必然会偏离“诚”的轨迹。从这个意义上讲，先安排诚实教育，后实施守信教育，是符合现代诚信教育的特定内涵和客观规律的。从教育实践上看，年龄较小的儿童，生活学习的领域较为狭小，一般不承担较为重要的任务和责任，在法律上属于非完全责任人。他们在生活和学习中，更多的是面临着这样或那样的诚实问题。因此在这一年龄阶段，首先实施诚实教育，是符合儿童的生活经验和实际需求的。

根据前面的理论分析，诚信教育的顺序还包括如下几个方面。第一，诚实教育方面按照先客观事实，后主观判断，先隐性后显性的顺序进行。第二，在守信教育方面，其顺序是先完成判断→承诺这一链条，后完成承诺→践行这一链条。在完成前一链条时，要与诚实教育有机结合起来，鼓励学生表达自己的真实意愿。第三，在诚实和守信两个方面，都遵循内容、价值和评定标准及从对他到对己的先后顺序。具体还有：在对象维度上遵循熟悉→陌生的顺序；在利益预期维度上遵循低利益事物→高利益事物的顺序；在频度维度上遵循偶然发生→持续发生的顺序；在情境约束维度上，遵循情境约束强劲→情境约束宽松的顺序。

(二)把建立充满信任的教育和生活环境作为诚信教育的重要起点

诚信与信任是相互递进、相互制约的关系。这主要表现在人们对所信任的人通常是诚信的，诚信之人的一个最为直接的效果就是更容易赢得别人的信任。反之，如果个人与个人之间、组织与组织之间、个人与组织之间缺乏起码的信任，那么诚信将因风险太大而不可能产生或存续。这说明，诚信与信任是在不同特征的联系中相互推升或相互削减的。

需要指出的是，在这种相互影响和制约的关系中，教师与家长应率先营造和建立值得学生和孩子信任的教育和生活环境。这主要是因为在环境营造和改善中，教育者处于主导位置。教育者应率先以信任学生为表率，努力建立这种信任环境，并把它作为诚信教育的重要起点。国内外许多重要的道德教育的理论(如科尔伯格的公正团体理论)之所以非常重视团体环境对学生道德发展的影响，道理也在于此。

(三)把价值提升、标准构建和行为形成作为诚信教育的重点

由于诚信能充分体现真实互利原则，保证了社会有序、健康和持久的运行，因此它一直是进步社会所积极倡导的主流道德规范和指导社会各个方面健康运行的普遍原则。因此，我们要把诚信教育放到道德教育的重要位置上，使之成为学校、家庭和社会道德教育最为重要的内容。

在诚信教育中，首先要提升学生对诚信价值的理解。教育者不仅要通过理论阐释和案例说明的方式，让学生深入地了解诚信对个人发展和社会生活的价值，而且要在处理关涉学生利益的生活、学习事件中，采用充满信任和诚信的方式，实实在在地示范和展示诚信的价值。教育实践已经反复证明，教育者在教育组织和实施过程中所展现的非信任和非诚信的教育行为，是对诚信教育最大的伤害。

其次，要把诚信标准的教育作为一个长期、艰巨和重要的教育工作来抓。世界上先进的道德教育有一个共同的特点，就是不局限于现成的道德结论，而是特别重视对学生进行内在价值评价标准的教育，这与我国现行的直接给予结论的道德教育方式形成鲜明的对照。由于有了工具意义上的给予，使得这种先进的道德教育方式具有鲜明的、鼓励学生自主实施道德判断和行动的、持续长远的指导价值。

借鉴世界先进的道德教育的理念和方式，我们要按照对他和对己两个范畴，在四个基本维度上，逐步寻找到我国儿童、青少年诚信内在评价标准的一般发展常模，并在此基础上，确立按年龄阶段划分的发展标准及其教育的内容和方式。

最后，正如前文所分析的，现代意义上的诚信包括前后相继的两个必要环节，即判断→承诺和承诺→践行。这就要求我们的诚信教育不能止于说理，还要特别注意延伸到行动，因此，我们推荐以感知—明理—行动为主线的诚信教育模式。笔者在主编国家基础教育课程改革实验教材《品德与生活》和《品德与社会》中，大量地使用了这种模式，并在十年多的改革实践中取得了良好的教育效果。

中　篇

中国儿童、青少年诚信观发展现状研究

一、研究工具与方法

"儿童、青少年诚信观大致包括个体对诚信所指基本内容的把握、个体对诚信行为评定标准的把握以及个体对诚信价值的把握三个基本方面。"①依据第一部分对诚信观构成的理论分析，我们设计的《儿童、青少年诚信观调查问卷》包含个体对诚信所指基本内容的把握、个体对诚信行为评定标准的判定及个体对诚信价值的认识三个基本维度，共 41 个条目。调查问卷中多数条目采用 Likert5 级记分法记分。

2008 年 9 月至 2009 年 10 月，我们在辽宁省、河南省、甘肃省、广东省等地分别选取小学二年级、四年级、六年级，初中二年级和高中二年级共 5824 名学生样本，分别以团体测试的方式进行问卷调查。其中男生 2856 人，女生 2726 人，另有 242 个性别选项上的缺失数据。

表 1　调查对象的样本分布表

	河南	甘肃	辽宁	广东	合计
小二	287 人	218 人	382 人	204 人	1091 人
小四	392 人	235 人	371 人	200 人	1198 人

① 傅维利等：《诚信观的构成及其对诚信教育的启示》，载《教育研究》，2010(1)。

续表

	河南	甘肃	辽宁	广东	合计
小六	398 人	206 人	380 人	200 人	1184 人
初二	360 人	199 人	393 人	213 人	1165 人
高二	403 人	199 人	410 人	174 人	1186 人
总计	1840 人	1057 人	1936 人	991 人	5824 人

二、中国儿童、青少年对诚信内容及价值的认识

(一)儿童、青少年对诚信词义的了解程度

在儿童、青少年对诚信内容的把握上，从调查数据的统计结果来看，有 364 人在回答“你听到过‘诚信’这个词吗”的问题时，选择了“没有听说过”这一选项，占总人数的 6.2%，选择“好像听说过”选项的 394 人，占总人数的 6.8%，两者合计 13%。说明诚信作为协调人们社会关系的一种基本的道德规范，在学校道德教育过程中，尤其是小学低年级的道德教育过程中，存在一定程度上的缺失。学生在回答“你认为‘诚信’的含义是什么”这一问题时，选择“讲真话、不说谎，而且能说到做到”选项的有 4077 人，占总人数的 70%，另有 29.8%的学生选择了“讲真话、不说谎”；“听话，做个好孩子”；“不违约”；“相信别人”；“处处为别人着想”；“尊重别人”等选项。这说明当前有近 30%的学生对于“诚信”的含义还没有形成准确的认识。

(二)儿童、青少年对“诚实”“守信”价值的认识

当前我国儿童、青少年普遍关注“诚信”的价值，不同年级的中小学生在“儿童、青少年心目中最重要的品德排序表”中都将“守信”和“诚实”列于突出位置。从表 2 可知，当前我国儿童、青少年将自觉遵守社会规范和国家法律作为最重要的品德，把讲信用(说话算数，不违约)作为第二重要的品德，位列第三的是诚实(不说谎)，以下依次是：民主(对于大家共同的事，遵循少数服从多数的原则来决定)；公平(对待每一个人都一样)；乐于助人；听家长和老师的话，做他们喜欢的好孩子；不做老师或家长不让做的事，以避免得到惩罚。

表 2　儿童、青少年心目中最重要的品德排序表

用于排序的品德	首选人数	该品德在学生心中的地位
A 民主(对于大家共同的事，遵循少数服从多数的原则来决定)	727 人	4
B 讲信用(说话算数，不违约)	755 人	2
C 不做老师或家长不让做的事，以避免得到惩罚	209 人	8
D 公平(对待每一个人都一样)	695 人	5
E 诚实(不说谎)	747 人	3
F 听家长和老师的话，做他们喜欢的好孩子	280 人	7
G 自觉遵守社会规范(如上公交车要排队)和国家的法律	1579 人	1
H 乐于助人	606 人	6

注：该题项有 226 个缺失值

我们参照美国学者科尔伯格提出的道德认知发展阶段理论，选取了处于前习俗水平、习俗水平和后习俗水平三类不同道德判断层次的 8 种道德条目，让学生按照重要程度进行逐一排序。在大致了解当前我国儿童、青少年总体道德认识水平的同时，重点考察他们在诸多道德条目中把“诚实”和“守信”列于何等地位。

根据道德认知发展阶段理论，7～10 岁儿童的道德判断通常处于前习俗水平，他们以自我中心作为基础的道德推理依据，问卷中选项 C“不做老师或家长不让做的事，以避免得到惩罚”正是处于前习俗水平的道德条目；10～16 岁儿童的道德判断通常处于习俗水平，他们愿意遵守那些他们认为正确的规则，以获得他人的认同或者维持社会秩序，问卷设计的选项 F“听家长和老师的话，做他们喜欢的好孩子”，选项 G“自觉遵守社会规范和国家法律”，选项 B“讲信用”，选项 E“诚实”都是处于习俗水平的道德条目①；后习俗水平(16 岁之后可能达到，也可能永远无法达到)，处于这一水平的个体，主要基于内心的一套标准(广泛的公正原则)进行道德推理，而这种道德标准可能与社会规则相一致，也可能不一致，问卷中的选项 A“民主”，选项 D“公平”，选项 H“乐于助人”都是处于后习俗水平的道德条目。

① 其中，选项 G、B、E 都属于习俗水平中第四阶段，即社会制度和良心维持阶段的道德条目。

表2的调查结果至少揭示了两个重要问题：其一是接受问卷调查的儿童、青少年的道德认知发展水平大多处于习俗水平的“社会制度和良心维持阶段”。我们从调查数据中可以看出，选择“自觉遵守社会规范和国家法律”作为最重要品德的有1579人次，位列8种道德条目之首，而这一德目典型属于“社会制度和良心维持阶段”。据进一步统计，首选选项G、B、E的被调查者总数达3081人次，占总调查样本的55.04%。其二，“守信”和“诚实”已经在我国儿童、青少年心目中得到广泛关注和高度重视，在8种不同的道德条目中，他们把讲信用(说话算数，不违约)作为第二重要的品德，把诚实(不说谎)作为第三重要的品德。这样，首选“守信”和“诚实”的有1502人次，占样本总数的26.83%。

在品德心理结构的四个要素，即道德认识、道德情感、道德意志和道德行为中，道德认识是其他要素形成的基础和前提，正确的道德认识有助于形成积极的道德情感和坚强的道德意志，进而促进个体利他性道德行为的塑造。就诚信而言，个体的诚信认识不仅包含对诚信内涵的了解，也包括个体对诚信价值的认识。据调查，认为诚实“特别重要”“重要”的学生高达85%，在问及“你认为诚实对哪个方面最有价值”时，有55.9%的学生选择“社会”，23%的学生选择了“团体”，18.2%的学生选择了“个人”，另外有2.1%的学生认为“诚实没有价值”。在诚实对个人的价值上，40.4%的学生认为诚实使人“感觉做人坦荡，不会受到良心的谴责”，34.4%的学生认为诚实“能给人创建一个良好的学习和生活环境”，15.7%的学生认为诚实“有助于自己更好地发展”。在诚实对团体的价值方面，32.6%的学生认为诚实“有助于社会对该团体的认可”，29.8%的学生认为诚实“能帮助团体创建一个良好的内部运行环境”，26.2%的学生认为诚实“有助于团体成员更好地发展”。

在关于守信的价值方面，认为守信“特别重要”“重要”的学生比率达86.9%，这一比率与认为诚实“特别重要”“重要”的比率大致相当，说明当前绝大多数学生都认同诚信的重要性。在对“你认为守信对哪个方面更有价值”这一问题的回答上，有53.6%的学生选择“社会”，23.5%的学生选择“团体”，19.3%的学生选择“个人”，另有2.2%的学生选择“对哪个方面都没有价值”。这一选择的顺序和比率与学生对于诚实价值的认识有着类似之处，说明学生对于诚信价值的认识首先看重的是诚信品质的社会或团体的意义和价值，这无疑反映出当前学校道德教育过程中的社会本位倾向，社会本位的道德教育有其存在的、一定的社会背景及合理性。法国社会学家涂尔干认为：“道德的目的即是社会的目的，合乎道德的行动就是为着集体的利益去行动……道德的出发点正是社会的出发点。”“没有社会，道德就没有目的。”①道德教育的唯一目的就是使个体实现社会化，但社会本位的道德教育目的容易导致德育过程中对个体的强制。目前“我国的德育目的较多地体现了国家主导的意识形态，但是过多地强调意识形态会导致德育和道德教育的政治化，其强调基础道德建设的目的的实现会受到一定的负面影响。”②一种离学生个体生理、心理需要较远的道德目的，势必弱化道德目的本身所施予学生的心理动力，难以促成学生道德行为的塑造。

涉及守信对团体的价值时，32.3％的学生认为守信“有助于社会对该团体的认可”，31.2％的学生认为守信“能帮助团体创建一个良好的内部环境”，26.1％的学生认为守信“有助于团体成员更好地发展”。在守信对于个人的价值问题上，36.9％的学生认为守信“感觉做人坦荡，不会受到良心的谴责”，35.4％的学生认为守信“能给自己创建一个良好的学习和生活环境”，19.6％的学生认为守信“有助于自己更好地发展”。

从学生对于诚信的个人价值、诚信的团体价值的选择顺序看，按照学生选择各选项人数比率的高低顺序排列，学生对于诚信的个人价值和团体价值的认可顺序是一致的，即认为诚信的团体价值首先在于“社会对于团体的认可”，其次在于“能帮助团体创建良好的内部环境”，最后在于“有助于团体成员更好地发展”；诚信的个人价值首先在于“感觉做人坦荡，不会受到良心的谴责”，其次在于“能给自己创建一个良好的学习和生活环境”，最后在于“有助于自己更好地发展”。从这一趋势看，学生对于诚信的个体价值选择比率最高的选项即“感觉做人坦荡，不会受到良心的谴责”，既是一种最基本的道德要求，同时也是一种最高的道德境界，因为它所反映的是一种非功利的、纯道德的价值判断，而另外两个选项则包含了某些功利性的成分。当学生在回答“你认为诚实和守信哪个更重要”这一问题时，有69.4％的学生选择“同等重要”，15.9％的学生选择“守信更重要”，有8.4％的学生选择“诚实更重要”。从调查结果可以看出，大部分学生认为诚实与守信这两种道德品质是同等重要的，在少数持不同观点的学生中，认为“守信更重要”的学生人数略多于认为“诚实更重要”的学生人数。

---

① Durkheim，E.，*Moral Education. A. Study in the Theory of Sociology of Education*. New York：Free Press，1961.

② 檀传宝：《学校道德教育原理》，北京，教育科学出版社，2000。

三、中国儿童、青少年对己、对他诚信标准观的比较

诚信作为道德的重要组成部分之一，是协调个体与他人、个体与社会之间利益的行为规范。对于儿童、青少年而言，以儿童、青少年自身为标准，可以将利益区分为自身利益和他人利益两种形式，儿童、青少年的不诚信行为往往是与一定的利益相关联的。现实中，儿童、青少年对于处于不同利益关系中的利益主体所表现出的行为品质会做出不同的价值判断。这既说明儿童、青少年对于不同利益关系的道德判断具有不统一性，同时也在一定程度上反映出儿童、青少年道德认知的发展现状和水平。

表 3　儿童、青少年对己、对他诚信标准 t 检验统计表

	M	N	P
对己诚实	21.40	5507	0.00***
对他诚实	15.29	5507	
对己守信	16.67	5444	0.00***
对他守信	22.52	5444	

注：诚实标准题项有 317 个缺失值，守信标准题项有 380 个缺失值

*** 表示 t 检验结果在 0.001 水平上表现为差异显著

在对己诚实、对他诚实、对己守信、对他守信的维度上，我们设计了利益预期、频率、情境约束、对象四个子维度。从表 3 可以看出，我国儿童、青少年在诚实和守信这两个道德品质上均表现出极显著的差异性。且在诚实这一道德品质上，对己诚实观的均分为 21.40，显著高于对他诚实观的均分 15.29。这说明我国儿童、青少年对己诚实观的发展水平要明显高于对他诚实观的发展水平，换句话说，儿童、青少年在诚实品质方面，对自己的要求明显高于对他人诚实品质的要求。

在利益预期子维度上，学生在回答对己诚实的问题"你认为下列哪种情况下，自己可以说谎"时，有 65.8%的学生选择了"什么情况下都不能说谎"这一选项。而在对他诚实的问题"在什么情况下你会原谅他人的说谎行为"这一问题时，有 51%的学生选择了"什么情况下都不能原谅"这一选项，前者的比例高出后者 14.8%。这也说明我国儿童、青少年在利益预期的子维度上，大多数学生的对己诚实标准是比较高的，同时在对他诚实标准上又表现出一定的宽容性。在频率的子维度上，学生在回答对己诚实的问题"你怎样判断自己是否是

个说谎的人”时，选择“只要说谎就算”的学生占62.1%，选择“十次有两次说谎就算”的学生占17.9%。当学生在回答对他诚实的问题“观察一下你周围的人，你认为什么样的人可以算得上是个诚实的人”时，选择“每次讲真话，从不说谎的人才算”的学生占62.0%，选择“十次有八次讲真话的就算”的学生占27.1%。从学生在频率子维度上的对己、对他问题回答状况的比较来看，学生对于自己的诚实频率标准要求总体上略低于对他的诚信频率标准要求。由于两题的问题性质不同，即前者为对己的说谎标准，而后者为对他的诚实标准，因此其结果似可表述为我国儿童、青少年对己诚实的判断标准略高于对他人是否说谎的判断标准，这一点与学生在利益预期子维度的回答状况相反。可见，在涉及利益的问题上，学生对于自己的要求高于对他人的要求，而在不涉及利益的单纯判断标准的把握上，对他人的要求却高于对自己的要求。

在情境约束的子维度上，学生在回答对己诚实的问题“在什么情况下，你最有可能用说谎来掩盖自己的错误”时，学生在这一问题上的平均得分为4.11。学生在回答对他诚实问题“你认为在什么情况下别人最有可能说谎”时，得分的均分为3.94，可见学生在情境约束维度的标准把握上，对己诚实的标准要明显高于对他诚实的标准，这与对己诚实、对他诚实的总维度得分趋势是相吻合的。在对象维度上，学生在回答对己诚实的问题“在日常生活中，你更愿意对哪些人诚实？请按照最愿意到最不愿意排序”时，按照学生优先选择频率高低排序为：亲人(59%)、朋友(17.7%)、老师(17.5%)、陌生人(3.5%)、同学(2.3%)。从这一排序可以看出，学生希望自己对他人诚实的对象选择，基本上是由对象与自己的亲情关系的亲疏程度进行选择的。学生在回答对他诚实问题“如果有人出现了对他人的说谎行为，作为旁观者，你会对哪些人表现出宽容”时，学生优先选择的排序为：亲人(55.1%)、陌生人(21.6%)、老师(11.3%)、朋友(8.9%)、同学(3.1%)。从对象维度来看，学生对于自己首先诚实的对象及首先原谅的不诚实的对象都是亲人。可见，亲情既是个人向对象诚实的理由，同时也是原谅对象不诚实的原因。在两者的排序中，陌生人在排序中的位置变化比较大，由个体诚实对象的第四位，提前至被个体原谅的不诚实对象的第二位。这或许与陌生人在学生心目中的地位有关，地位的无关紧要，也正是被他人原谅的借口。另外，也说明学生对于曾经有过心理投入的人有希望其回报的心理倾向。对于陌生人而言，个体未曾对他有过心理上的投入，因此不需要陌生人对自己有任何心理回报，而宽容作为一种美德，对于陌生人的宽容不需要有什么心理上的付出。因此，学生对于陌生人的宽容也是学生继亲人之后首先选择的不诚实的宽容对象。而朋友则不同，由于学生对于朋友在日常生活或接触中有较大的心理投入，因此当自己的朋友有任何不良的道德品质时，很难做到像对待陌生人一样给予宽容。亲人与朋友的不同之处在于，学生对于亲人的心理投入是不可选择的，而朋友的心理投入是可选择的。可见，学生对于可选择的心理投入更需要回报。

学生在守信这一道德品质上，表现出与诚实相反的趋势，对他守信观念的均分高于对己守信观念的均分。说明在守信品质方面，儿童、青少年的对他守信观的发展水平要明显高于对己守信观的发展水平，即在守信品质方面，儿童、青少年对他人守信的标准要明显高于对自己守信的标准要求。

这一结果体现出儿童、青少年在交往过程中的诚实要求更多是针对自我的，在诚实品质的塑造过程中从自我的角度对自身的行为进行约束，对他人诚实品质的关注度往往低于对自我的关注度，即学生所表现出的道德品质体现出重私德、轻公德(只注重个人品德的形成与提高，而忽视对他人道德品德的关注)的特征。因此会出现对己诚实标准高于对他诚实标准的状况。而对守信方面的要求则主要是针对交往对象的，儿童、青少年在交往过程中更关注他人对自己、他人对他人是否守信，其关注度往往要高于自己对他人是否守信的情况。

在利益预期子维度上，学生在回答对己守信“当守信需要付出利益代价时，你还能不违约吗”问题时，其中有 33.3％的学生选择“肯定不能”，有 29％的学生选择“无论付出多大代价都能”。可见，有 62.3％的学生在回答这一问题时选择了两个极端的选项，说明当前学生的守信观具有功利性和坚定性的双重特征。对于那些持有功利性守信观的儿童来说，造成这一状况的因素是多方面的，既有家庭、社会的消极影响，同时也有学校道德教育不利的影响。在品德的心理结构中，道德认识是道德行为的前提和基础，对于学校道德教育而言，如何形成学生稳定而正确的道德认识，是学校道德教育的首要任务，也是学校道德教育的基本出发点。当学生在回答对他守信的问题“在什么情况下，你会原谅他人不守信的行为”时，有 51.4％的学生选择了“什么情况下都不能原谅”，这一比例远远高出在回答对己守信的问题时所选择“无论付出多大代价都能”这一选项的学生比率(29％)。可见，当守信涉及利益问题时，学生的对己守信的要求要远远低于对他守信的要求，即表现出对他人高要求对自己低标准的状况，这与诚实维度上对己诚实的高要求与对他诚实的低标准状况正好相反。当学生在回答频率子维度的对己守信问题“你怎样判断自己是否是个守信的人”时，55.6％的人选择了“每次都守信，从不违约才算”。而学生在回答对他守信问题“你怎样判断别人是否守信”时，有51.6%的学生选择了“每次都不违约才算”，这一比例略低于学生在回答对己守信时，选择同样选项的学生的比率。需要说明的是，这一趋势恰好与守信维度上的对他守信均分高于对己守信均分的总体趋势相反。看来，学生在不涉及利益问题时表现出对自己的高标准，而在涉及利益问题时却表现出对他人的高要求。

在情境约束的子维度上，学生在回答对己守信问题“你认为，在什么情况下你自己最有可能守信”时，有49.9%的学生选择了“周围的人都守信”这一选项，而学生在回答对他守信的问题“你认为在什么情况下他人最有可能守信”时，57.2%的学生选择了“周围的人都守信”这一选项，后者的比率高于前者，或者说，在情境约束这一子维度上，学生倾向于认为“他人的良好守信品质更容易受情境的约束，是在情境的熏陶下才形成的”。

在对象这一子维度上，学生在回答对己守信问题“在日常生活中，你更愿意对哪些人守信”时，在学生的第一选择频率最高的前三位依次是：亲人、朋友、老师，学生在回答对他守信问题“如果有人出现了对他人的不守信行为，作为旁观者，你会对哪些人表现出宽容”时，学生第一选择频率最高的前三位依次是：亲人、陌生人、老师。可见，感情的亲疏是学生选择守信对象的主要标准。而在涉及对他人的不守信行为的宽容对象时，与学生选择守信对象的顺序相比，陌生人取代了朋友，而其他两个对象的顺序没有发生改变。这说明学生在选择他人不守信行为的宽容对象时，感情因素仍占据主要地位，但这种感情只有在不对等的情况下，才是学生所选择的宽容对象，即只有家长和老师才是学生首先选择的宽容对象，对等的朋友之间的感情则不是被首先选择的宽容对象，取而代之的是陌生人。这也进一步体现出儿童、青少年的道德品质发展过程中，存在着漠视那些不关涉自身感情、利益的无关群体道德品质状况的现象。同时，亲人成为儿童、青少年诚信对象和不诚信的宽容对象之首选这一状况更加凸现了我国儿童、青少年诚信品质发展过程所存在的亲情至上、漠视他人的特征。这对于我们把握好诚信教育的重点和契机具有重要意义。

总体而言，儿童、青少年的对己守信的标准观念低于对他守信的标准观念，并表现出显著差异，导致这种情况的原因是与诚实、守信这两种道德品质自身性质的因素相关联的。对于青少年来说，诚实其主要涵义是不说谎，而对于他人是否说谎的道德判断是有一定难度的，因为它需要个体对他人所描述事件的真实性做出客观的判别，这不仅依赖于个体道德认知能力的发展水平，有时还需要个体对他人所描述事件做深入的了解，甚至对他人言行的一致性做长期的观察。而对他人是否履行自己的诺言的道德判断相对容易一些，因为这种道德判断的依据是可在特定场景中感知到的，至于他人没能履行诺言的原因则在我们的关注之外，这可能是导致儿童、青少年诚实与守信两种道德品质出现不同差异的原因之一。另外，这一情况的形成是与当前学校道德教育模式直接相关的。在学校道德教育中，德育内容突出诚实要求，对于守信的要求相对较少，对学生的道德评价总是以学生个体自身的品德及行为为对象，缺少特定情境、特定关系中的评价，因而学生对老师强调的对自身道德品质的要求尤为重视，对于自身与他者之间关系中的道德要求关注较少，因而对自己和他人交往中的守信要求较低，从自利的角度看，对别人的要求自然会高于对自己的要求。

四、中国儿童、青少年诚信标准观的性别差异

(一)儿童、青少年诚实观的性别差异

儿童、青少年在社会化的过程中，不同性别的儿童、青少年，其典型活动的内容及活动的伙伴和对象会有所不同，这在一定程度上影响着儿童、青少年道德观念的形成和儿童、青少年道德认知的发展水平，并使不同性别儿童、青少年的道德观念的发展表现出一定程度的差异性。就儿童、青少年的诚实观来看，儿童、青少年的诚实观在对己诚实观的维度上，存在显著的性别差异，在对他诚实的维度上其差异没有达到显著性水平(见表 4)。

表 4　儿童、青少年诚实观念的性别差异统计表

	对己诚实			对他诚实		
	N	M	P	N	M	P
男	2779	21.09	0.000***	2727	15.25	0.789
女	2680	21.72		2622	15.35	

注：对己诚实标准题项有 365 个缺失值，对他诚实标准题项有 475 个缺失值

*** 表示 t 检验结果在 0.001 水平上表现为显著差异

从表 4 可见，男生对己诚实观的均分低于女生对己诚实观的均分；在对他诚实观上也表现出相同的趋势，男生的对他诚实观均分低于女生的对他诚实观均分。

儿童、青少年诚实观的性别差异具体表现在以下几个方面：在利益预期的子维度上，当学生在回答对己诚实的问题“你可能为哪种利益去说谎？从最有可能到最不可能进行排序”时，把“为了个人利益”排在第一位的男生占男生总

数的25.11％，女生把“为了个人利益”选项排在第一位的占21.41％。而把“不管为了谁的利益都不能说谎”排在首位的男生占男生总数的32.3％，把“不管为了谁的利益都不能说谎”排在首位的女生占女生总数的33.4％。从上述数据可以看出，当面对个人利益时，男生与女生相比更有可能通过说谎的方式争取个人利益，女生在利益面前能够保持不说谎的可能性略高于男生。当学生在回答对他诚实的问题“在什么情况下你会原谅他人的说谎行为”时，选择“在什么情况下都不能原谅”的男生占男生群体的52.4％，女生选择“在什么情况下都不能原谅”这一选项的占女生群体的50.7％。从这些数据的比较中可以看出，女生与男生相比，涉及利益问题时更能够保持诚实的道德品质，在涉及他人不诚实问题时，更能够保持宽容的心态。而男生与女生相比，在涉及个人利益问题时，更容易向利益低头，而在涉及他人不诚实问题时，更容易保持爱憎分明的心态。

在频率的子维度上，学生在回答对己诚实的问题“你怎样判断自己是否是个说谎的人”时，男生选择“只要说过谎就算”的人占男生总数的61.7％，女生选择“只要说过谎就算”这一选项的占女生总数的63.6％。在回答对他诚实问题“观察一下你周围的人，你认为什么样的人可以算得上是个诚实的人”时，男生选择“每次讲真话，从不说谎的人才算”的人占男生总数的63.2％，女生选择“每次讲真话，从不说谎的人才算”的人占女生总数的62.4％。从数据本身来看，无论是男生还是女生选择这一选项的比率都超出了半数，这说明儿童、青少年对理想诚实的品质有较高的要求。抛开持有这一标准的人认识的偏激性，单纯从数据的比较中仍可发现与利益预期维度上相同的特征，即女生与男生相比更容易对自己保持高要求，对他人往往持有更宽容的心态。

在情境约束的子维度上，学生在回答对己诚实问题“在什么情况下，你最有可能用说谎来掩盖自己的错误”时，其中男生选择“无论何种情况，我都不会说谎”的人数占男生总数的48.6％，女生选择这一选项的人数占女生总数的49.9％，二者的比率大致相当，女生的比率略高于男生。说明有近半数的儿童、青少年能够客观地对待自己的错误，能够认识到在面对错误时不应用说谎来掩盖自己的错误，并保持自己诚实的道德品质，其他学生则可能用说谎来掩盖自己的错误，以避免犯错误可能招致的惩罚。这说明我国儿童、青少年诚实观的发展尚处于较低的阶段，同时也在一定程度上反映出当前我国学校道德教育在方法的丰富性、科学性上可能存在的缺陷。学生在回答对他诚实问题“你认为在什么情况下，别人最有可能说谎”时，男生选择“当谎言肯定不会被揭穿时”的人数占男生总数的52.2％，女生选择这一选项的比率占女生总数的52.4％，女生的比率略高于男生。从男女生对这一问题的回答可以看出，超出半数的儿童、青少年倾向于认为他人可能说谎的情境是在谎言不会被揭穿的时候。

在对象的子维度上，学生在回答对己诚实问题“在日常生活中，你更愿意对哪些人诚实”时，男生把“亲人”排在首位的人数占男生总数的56.1%，女生把“亲人”排在首位的人数占女生总数的57.6%，这一比率高于男生选择“亲人”选项的比率。这一结果说明，在诚实对象的选择上，女生比男生更倾向于以亲情为标准来选择诚实的对象。而把“陌生人”作为第一选择的男生占6.6%，女生占6.3%，二者比率大致相当。当学生在回答“你认为哪些人对你应该更诚实”这一问题时，男生选择“亲人”的占男生总数的58.8%，女生选择“亲人”的占女生总数的59.4%，二者比率大致相当，女生比率略高于男生。当学生在回答对他诚实“如果有人出现了对他人的说谎行为，作为旁观者，你会对哪些人表现出宽容”这一问题时，学生把“亲人”作为第一选择的比率最高，其中男生把“亲人”作为第一选择的人数占男生总数的57.5%，女生则占52.5%。从以上数据的比较中可以发现，男生把“亲人”首先作为诚实对象的比率(56.1%)略低于把“亲人”首先作为宽容的不诚实对象的比率(57.5%)，而女生首先把“亲人”作为诚实对象的比率(57.6%)高于把“亲人”首先作为宽容的不诚实对象的比率(52.5%)。可见，在选择诚实对象时，女生比男生更感性，而且女生比男生更容易表现出对“亲人”以外的其他不诚实对象的宽容，这一点与利益预期以及频率子维度上所反映出的男女差别是一致的。

当前，我国儿童、青少年在诚实观的发展方面，女生的均分高于男生，且两者之间的对己诚实的差异达到显著水平。从这一趋势可以反映出女生与男生相比，对自己的诚实品质的要求更高一些。同时，与男生相比，无论是对自己还是对他人，女生都始终把诚实这一道德品质放在重要的位置，并对这一道德品质保持较高的要求，尤其是对自身诚实的要求显著高于男生对于自身诚实的要求。正是这种在诚实道德品质上的差异性，将使女生在日常的活动中表现出更强的自我约束能力，更少发生不诚实的行为。

(二)儿童、青少年守信观的性别差异

在守信观上，男、女学生在对己守信、对他守信的维度上并不存在显著的性别差异。与诚实观上所表现出的女生高于男生的性别差异不同，我国儿童、青少年的守信观方面，除了对他守信观的均分仍是女生高于男生之外，在对己守信观上却表现出男生的均分高于女生的情况，这也是在诚信观的四个维度中

唯一一个男生均分高于女生的维度，尽管这两种差异还没有达到显著的程度(见表5)。

表5 儿童、青少年守信观念性别差异统计表

	对己诚实			对他诚实		
	N	M	P	N	M	P
男	2696人	16.71	0.272	2686人	22.46	0.656
女	2626人	16.64		2620人	22.60	

注：对己诚实标准题项有502个缺失值，对他诚实标准题项有518个缺失值

从总体上看，女生的性格多趋于细腻，因此她们不仅关注自己道德品质的形成与发展，同时也会把注意力放在他人的身上，把这种道德品质的形成与否作为权衡自己或他人身份的凭据，因此女生的诚信观在发展中表现出比男生水平高的情况。但由于女生身体力量方面的局限，以及社会环境等因素的影响，使女生在社会资源的获取方面逊色于男生，当遇到需要调动自己的自然与社会资源来实现自己的诺言时，往往显得力不从心。因此，女生在对己守信上的要求低于男生，或者说女生的对己守信观的发展低于男生。其原因大概有四点：第一，男生的性格更趋于粗犷、豪爽，在对于守信的看法上，对于自身的关注多于对他人的关注，对自身的守信要求高于女生对自身的守信要求。第二，由于男生的身体素质及社会环境等因素的影响，使男生在社会资源的获取上处于优势地位，因此他们比女生更能充分调动各方面的自然与社会资源，实现自己的承诺。第三，由于受传统文化的影响，如“男子汉大丈夫，一言既出，驷马难追!”男孩更应该“一言九鼎、一诺千金”等观念的影响，使男生在对己守信观上的发展水平高于女生。第四，由于男女在社会、家庭中所承担的现实责任的差别，使男生更在意他人对自己的身份认同，即男生可能比女生更在意自己的“面子”。这些因素都或多或少地影响着学生的对己守信观的发展水平，并使男生的对己守信观的发展略高于女生。例如，学生在回答对己守信的案例问题“近年上初二的陈诚和刘信是好朋友，双方约定为彼此的事保密。这学期刘信偷偷交了一个女朋友，班主任找陈诚了解情况。平时陈诚从不说谎，学校老师和同学们都十分信任他，这事儿让陈诚很为难。如果你是陈诚，你会怎么办?”其中男生选择“朋友之间不应当违约，无论发生什么事，坚决不能揭发刘信交女朋友的事”的人数占男生总数的28.2%，女生选择这一选项的占女生总数的19.6%，男生选择这一选项的比率高出女生8.6%。这一结果说明，男生在面对守信问题时，更容易表现出守信行为，甚至失去了守信应遵循的正义原则。

五、不同家庭文化资本的儿童、青少年诚信观的比较

研究发现，不同阶层出身的子女的学业成绩存在一定的差异性，处于社会上位阶层的子女其学业成绩往往高于处于下位阶层的子女。正是基于以上事实，布迪厄提出了文化资本的理论，所谓文化资本是指社会各阶层及个体所拥有的总的文化背景、知识、气质和技术等。文化资本的再生产是通过个体社会化的过程实现的，通过社会化，不同家庭背景的子女继承父辈的文化资本，从而使社会成员之间的差异产生代际传递。家庭文化资本的传承主要是指家庭中父辈的知识、兴趣爱好、生活惯习、处世态度、价值观念等各个方面对子女的影响和传递及子女对父辈这种无形财产的继承。家庭文化资本对子女的影响不仅体现在教育程度、学业成就、婚姻选择、兴趣等方面，同时对于子女道德品质的发展也存在显著影响。这里试图从父母学历的视角，探讨家庭文化资本在儿童、青少年诚信观发展过程中的影响和作用。

(一)父母学历对儿童、青少年诚信内涵掌握及诚信价值观的影响

1. 父母学历之于儿童、青少年对诚信内涵的把握

家长的学历是家庭文化资本的重要体现和标志，家庭文化资本对于儿童、青少年道德发展的影响首先体现为对儿童、青少年道德观念的影响。儿童、青少年在回答“您听说过诚信这个词吗”问题时，父亲学历为初中、高中、专科、本科、研究生的学生选择“没听说过”选项的比率分别为 2.6％、4.9％、5.9％、6.4％、9.9％，母亲学历由低到高的学生选择“没听说过”这一选项的比率分别为 2.4％、5.0％、6.0％、6.5％、11.1％。看来，父母学历的高低与孩子是否听说过“诚信”这个词的比率之间呈现出正相关的关系，即随着父母学历的升高，其子女没听说过诚信这一词汇的比率呈逐渐上升的趋势。

当学生在回答“你认为诚信的含义是什么”这一问题时，父亲学历为初中、高中、专科、本科、研究生的学生选择“讲真话，不说谎，而且能说到做到”这一选项的比率分别为 75.0％、71.1％、69.2％、73.7％、65.2％，母亲学历由低到高的学生选择这一选项的比率分别为 75.5％、68.7％、73.8％、71.3％、65.4％。从儿童、青少年对于上述两个问题的回答状况来看，父母学历的高低对子女关于“诚信”一词的理解这件事的影响上，并没有表现出某种规律性，甚至父母学历为研究生的学生能够正确理解“诚信”含义的比率还要低于父母学历为初中、高中的

学生比率。导致这种状况的原因或许由研究生学历父母的孩子接触诚信事件的机会往往要少于初中、高中学历父母的孩子所致。一般而言，学历低的父母往往依靠体力劳动为生，他们接触诚信事件的概率往往要远高于父母为研究生学历的孩子，这种状况或许会对孩子较清晰地理解"诚信"一词产生一定的影响。

2. 父母学历之于儿童、青少年对诚信价值的理解

从表 6 可以看出，儿童、青少年在回答"你认为诚实与守信哪个更重要"这一问题时，其选择比率由高到低依次为"同等重要""守信更重要""诚实更重要""说不清楚"。这也说明，在儿童、青少年诚信价值观的发展过程中，其发展与父母的学历之间并没有表现出某种规律性的联系，这种现象正说明学校道德教育在儿童、青少年诚信价值观的发展过程中所发挥的作用比家庭教育更明显。

表 6　学生因父母的学历不同，对"你认为诚实与守信哪个更重要"问题回答状况统计表

	初中		高中		专科		本科		研究生	
	父亲	母亲	父亲	母亲	父亲	母亲	父亲	母亲	父亲	母亲
诚实更重要	8.7%	8.1%	9.4%	9.1%	6.4%	8.0%	8.3%	6.4%	6.5%	8.3%
守信更重要	18.4%	18.1%	16.3%	17.2%	14.9%	14.4%	13.3%	13.6%	16.9%	17.1%
同等重要	68.4%	69.7%	70.3%	69.9%	75.1%	73.5%	75.2%	76.4%	72.5%	70.5%
说不清楚	4.3%	4.1%	4.0%	3.8%	3.6%	4.1%	3.2%	3.6%	4.1%	4.1%

在不同品行的比较上，儿童、青少年在回答"请你按照重要性程度由大到小，对下列品质——讲信用、公平、诚实、遵纪守法进行排序"这一问题时。依据父亲的不同学历进行统计，学生把"讲信用"排在第一位的比率分别为：初中 15.5%、高中 13.3%、专科 13.4%、本科 12.0%、研究生 13.3%，父亲学历为初中、高中、专科的学生把"讲信用"排在第一位的比率要略高于父亲学历为本科、研究生的学生比率。把"诚实"排在第一位的学生分别为：初中 12.8%、高中 13.0%、专科 14.5%、本科 13.5%、研究生 15.3%，从数据的变化趋势来看，父亲学历为初中、高中、专科、研究生的学生把"诚实"排在第一位的比率呈上升的趋势，而父亲学历为本科的学生比率与父亲学历为专科、研究生的学生比率相比略有降低。

依据母亲的不同学历进行统计，学生把"讲信用"排在第一位的比率分别为：初中 15.0%、高中 13.0%、专科 12.9%、本科 13.8%、研究生 12.7%。从数据的变化趋势来看，除母亲学历为本科的学生之外，随母亲学历的升高，把“讲信用”排在第一位的学生比率呈下降趋势。学生把“诚实”排在第一位的比率依母亲学历变化分别为：初中 12.4%、高中 14.0%、专科 14.1%、本科 15.3%、研究生 12.5%。从数据可看出，除母亲学历为研究生的学生之外，随着母亲学历的升高，学生把“诚实”排在第一位的学生比率呈上升趋势。

3. 父母学历之于儿童、青少年诚实价值观的指向性

诚信作为一种道德品质，是协调个人与他人、集体乃至社会之间利益关系的行为规范，个人之所以遵守诚信行为规范，是因为它能够为个人、集体、社会带来某种潜在的长远利益。当儿童、青少年在回答“你认为诚实对哪个方面最有价值”的问题时，儿童、青少年的回答状况具体见表 7。

表 7　学生因父母的学历不同，对“你认为诚实对哪个方面最有价值”问题回答状况统计表

	初中		高中		专科		本科		研究生	
	父亲	母亲	父亲	母亲	父亲	母亲	父亲	母亲	父亲	母亲
个人	2.0%	1.5%	1.7%	2.3%	2.5%	1.8%	3.3%	2.8%	3.5%	4.8%
集体	21.2%	21.9%	18.9%	17.9%	17.6%	17.3%	13.4%	14.6%	16.0%	13.5%
社会	24.8%	23.9%	22.9%	22.6%	20.5%	21.6%	25.2%	24.8%	20.9%	23.5%
对哪个方面都没价值	52.0%	52.7%	56.5%	57.2%	59.4%	59.3%	58.1%	57.8%	59.6%	58.2%

从表 7 可以看出，无论父母学历高或低，儿童、青少年在回答“诚实的价值”这一问题时，依据其选择比率由低到高依次为“个人”“集体”“社会”“对哪个方面都没有价值”，说明儿童、青少年对于诚实价值的认识趋势并没有随着父母学历的高低而发生改变。而且，相对于“诚实”的价值之于个人而言，学生更倾向于认为“诚实”的价值之于“集体”和“社会”，这也进一步体现出学校道德教育过程中的“社会本位”倾向。但道德教育的实效性并非完全取决于儿童、青少年的道德认知水平，还决定于其道德情绪体验的性质与满足需要的程度，决定于其道德认知状况与社会环境的道德发展水平之间的冲突程度。当社会环境提供的道德事件所蕴含的道德意义与儿童、青少年的道德认识之间发生冲突时，将严重削弱学校道德教育的成效。毕竟，现实社会环境的道德事件给学生所带来的教育影响，其效果要远胜于学校道德教育的单纯说教。难怪超出半数的学生都倾向于认为“诚实”并无现实价值，看来学校道德教育的任务就其目标而言

任重而道远。

4. 父母学历之于儿童、青少年守信价值观的指向性

当儿童、青少年在回答“你认为守信对哪个方面最有价值”这一问题时，其回答的结果与学生在回答“诚实价值”问题时的选择结果是相似的。这也说明，在儿童、青少年“诚信价值观”的形成上，家长学历不同对于学生的影响是有限的，重要的是社会环境因素的作用远超于家庭教育和学校教育的影响。

(二)父母学历对儿童、青少年诚信标准观形成的影响

父母的教养观念主要来源于父母的文化背景、父母的人格特征及亲子关系的特点，处于不同文化背景中的父母，其教养观念在很多方面会有所不同。“父母教养观念与儿童发展之间存在密切的关系，父母教养观念的复杂性与儿童的认知发展水平呈正相关的关系。”①一般来说，随着父母学历的升高，他们对于学生的成长及培养更趋于完善和科学，进一步提高了儿童、青少年的认知水平，并使儿童、青少年诚信标准观的发展呈现出一定的差异性。

1. 父亲学历对儿童、青少年诚实标准观的影响

在儿童、青少年社会化的过程中，学历不同的家长在教育观念、家庭教养方式、家庭文化氛围等方面都会存在一定的差异，这在一定程度上影响着儿童、青少年对于是非善恶标准的把握，制约着儿童、青少年的道德认知发展水平，并且使儿童、青少年在道德观念发展方面显现出一定的差异性。从儿童、青少年的诚实观看，父亲学历不同的儿童、青少年的诚实观在对己诚实、对他诚实的维度上均存在显著差异。

表 8　儿童、青少年因父亲的学历不同，其诚实标准观的方差分析表

	对己诚实			对他诚实		
	N	M	P	N	M	P
初中	1589 人	21.18	0.000***	1576 人	15.17	0.000***
高中	1430 人	21.24		1400 人	15.22	
专科	839 人	21.54		807 人	15.46	
本科	844 人	21.55		819 人	15.39	
研究生	469 人	21.56		468 人	15.60	

注：对己诚实标准题项有 653 个缺失值，对他诚实标准题项有 754 个缺失值

*** 表示 t 检验结果在 0.001 水平上表现为显著差异

① 张文新：《儿童社会性发展》，北京，北京师范大学出版，1999。

从表8可以看出，父亲学历由低到高的儿童、青少年对己诚实观的均分依次为21.18、21.24、21.54、21.55、21.56，分值呈依次上升的趋势，在对他诚实观方面，除父亲学历为本科的均分(15.39分)低于父亲学历为专科的均分(15.46分)之外，其余分值也呈现出依次上升的趋势。总体而言，儿童、青少年诚实标准观的发展表现出随父亲学历的升高而逐渐提高的趋势。

在利益预期维度上，当学生在回答对己诚实的题目“你认为下列哪种情况下自己可以说谎”时，选择“什么情况下都不能说谎”的，其父亲学历从初中到研究生的学生的比率依次为14.6%、15.1%、15.8%、16.4%、17.6%，说明儿童、青少年的诚实标准观随父亲学历的升高对个人诚实的要求趋于严格。当学生在回答对自己诚实的另一个题目“你可能为哪种利益去说谎？从最有可能到最不可能进行排序”时，依据其父亲学历由低到高，学生把“为了个人利益”排在第一位的比率分别为14.9%、12.3%、11.2%、11.0%、10.8%。可见，当面对个人利益时，低学历父亲的学生更可能通过说谎的方式去争取某种个人利益，而父亲学历越高的学生，在利益面前保持不说谎的可能性就越大。当学生在回答对他人诚实的题目“在什么情况下你会原谅他人的说谎行为”时，依据其父亲学历由低到高的学生在这一问题上的得分均分，依次为3.78、3.89、3.98、3.90、3.94，可见，总体而言，学生在利益预期维度标准的把握上，父亲学历为专科、本科、研究生的子女的对他诚实标准观高于父亲学历为初中、高中的子女的对他诚实标准观。这与儿童、青少年对他人诚实标准观的总维度得分趋势基本吻合。

在频率维度上，学生在回答对自己诚实的题目“你认为下列哪种情况下，自己可以说谎”时，依据其父亲学历由低到高排列，选择“什么情况下都不能说谎”的学生比率分别为57.9%、61.2%、66.5%、65.7%、68.9%。从数据中可以看出，儿童、青少年在利益预期的子维度上，超出半数的学生对己诚实标准的要求是比较高的，其中父亲学历为专科、本科、研究生的学生在对己诚实标准的把握上比较相近，且明显高于父亲学历为初中、高中的学生。总体而言，父亲学历越高的学生对己诚实标准的要求越高。在回答对他诚实问题“观察一下你周围的人，你认为什么样的人可以算得上是个诚实的人”时，依据其父亲学历由低到高排列选择“每次都讲真话，从不说谎的人才算”的学生比率依次为56.5%、60.9%、68.0%、63.8%、65.8%，除父亲学历为专科的学生高于父亲学历为本科、研究生的学生之外，基本与学生的对己诚实标准观的发展趋势一致。由此可见，儿童、青少年对自己、对他人在诚实标准上有较高的要求，且高学历父亲的学生更为突出，说明父亲学历的高低对学生诚实标准观的发展水平有较大的影响。

在情境约束的子维度上，学生在回答对己诚实问题“在什么情况下，你最有可能用说谎来掩盖自己的错误”时，按照父亲学历由低到高排列，选择“无论何种情况，我都不会撒谎”的学生比率依次为 45.9%、46.8%、50.8%、50.9%、56.6%。可见，父亲学历为研究生的学生比率比父亲学历为初中的学生比率高出 10.7%。这说明，相较而言，父亲学历高的学生能够更为客观、理智地认识和对待自己的错误，能够意识到不应以说谎来掩盖自己的错误，而应保持自己的诚实品质。而父亲学历越低的学生则越可能通过说谎来掩盖自己的过错，以免受惩罚。这也从另一个侧面说明，低学历父亲在教育子女的过程中可能更倾向于采取粗暴的方式，以至于造成子女在犯错时不敢承认过错而以说谎的形式掩盖错误。学生在回答对他诚实的题目“你认为在什么情况下，别人最有可能说谎”时，选择“当谎言肯定不会被揭穿时”的学生根据其父亲学历从低到高排列，比率依次为 50.6%、51.3%、54.0%、54.6%、57.2%，比率呈依次上升的趋势。超出半数的儿童、青少年倾向于认为，他人可能说谎的情境是在谎言不会被揭穿的时候。与父亲学历较低的学生相比，父亲学历较高的学生更倾向于认为他人可能会在自己的谎言不会被揭穿的情况下表现出不诚实的行为，这或许是由父亲学历较高的学生所持诚实标准更加严格所致。

在对象的子维度上，学生在回答对己诚实问题“在日常生活中，你更愿意对哪些人诚实”时，父亲学历为初中、高中、专科、本科、研究生的学生把“亲人”排在首位的比率依次为 55.2%、55.9%、56.6%、57.3%、57.0%。这一比率的差别并不明显，父亲学历较高的学生总体上略高于父亲学历较低的学生。这一结果说明，在诚实对象的选择上，大多数学生更倾向于以亲情为标准来选择诚实的对象，而且表现出随父亲学历升高选择“亲人”为诚实对象的学生比率有所增加的趋势。当学生在回答“你认为哪些人对你应该更诚实”这一问题时，将“亲人”排在首位的学生比率，按照其父亲学历从低到高排列依次为 57.5%、58.2%、58.5%、57.9%、62.3%。其中，除父亲学历为本科的学生在这一选项上的比率略低之外，其他则表现出随父亲学历升高，选择“亲人应对自己更诚实”的比率而增加的趋势，这与把“亲人”作为自己的诚实对象的选择比率趋势大致相同。当学生在回答对他诚实的题目“如果有人出现了对他人的说谎行为，作为旁观者，你会对哪些人表现出宽容”时，把“亲人”排在首位的学生比率，按照父亲学历由低到高排列，依次为 51.8%、53.4%、55.4%、

55.7%、57.9%。可见，父亲学历较高的学生在比率上明显高于父亲学历较低的学生。这说明，在选择诚实对象时，父亲学历较高的学生比父亲学历较低的学生更容易表现出对“亲人”不诚信行为的宽容。

2. 母亲学历对儿童、青少年诚实标准观的影响

表 9　儿童、青少年因母亲的学历不同，其诚实标准观的方差分析表

	对己诚实			对他诚实		
	N	M	P	N	M	P
初中	1775 人	21.13	0.000***	1751 人	15.19	0.000***
高中	1386 人	21.26		1350 人	15.15	
专科	860 人	21.52		835 人	15.57	
本科	753 人	21.72		734 人	15.48	
研究生	385 人	21.51		375 人	15.44	

注：对己诚实标准题项有 665 个缺失值，对他诚实标准题项有 779 个缺失值。

*** 表示 t 检验结果在 0.001 水平上表现为显著差异。

从表 9 可以看出，儿童、青少年对己诚实标准观的均分，由其母亲的学历从低到高排列，依次为 21.13、21.26、21.52、21.72、21.51。从数据的变化趋势可以看出，除母亲学历为研究生的学生所持诚实标准观低于母亲学历为本科、专科的学生，而高于母亲学历为初中、高中的学生诚实标准观外，其他学生的诚实标准观依母亲学历的升高表现出越来越严格的变化趋势。在对他诚实标准观上，学生并没有因母亲的学历不同，而表现出较为一致的变化趋势。但总体而言，母亲学历为专科、本科、研究生的学生所持的对他诚实标准要高于母亲学历为初中、高中的学生所持的对他诚实标准。可见，无论是对己诚实标准观还是对他诚实标准观的发展，母亲学历为专科、本科、研究生的学生所持的诚实标准观相对于母亲学历为初中、高中的学生来说，其诚实标准观的发展更趋于严格。这说明，学历高的母亲较学历低的母亲在子女诚实这一道德品质的发展上更趋于严格要求，这种外在的要求已逐步内化为子女个人的道德标准，成为子女道德品质发展的方向和目标，也成为约束子女对自身、对他人日常道德行为的评判尺度。

在利益预期、频率、情境约束与对象四个子维度上，不同学历母亲的儿童、青少年对各题回答表现出了与不同学历父亲的儿童、青少年大致相同的趋势。

3. 父亲学历对儿童、青少年守信标准观的影响

父亲的学历不同，其儿童、青少年在对己守信标准观和对他守信标准观的发展上均表现出显著的差异性，见表10。

表10　儿童、青少年因父亲的学历不同，其守信标准观的方差分析表

	对己守信			对他守信		
	N	M	P	N	M	P
初中	1553人	16.54	0.000***	1545人	22.34	0.000***
高中	1399人	16.59		1396人	22.43	
专科	807人	16.69		803人	22.72	
本科	812人	16.89		808人	22.80	
研究生	463人	17.06		468人	22.82	

注：对己诚实标准题项有790个缺失值，对他诚实标准题项有804个缺失值

*** 表示t检验结果在0.001水平上表现为显著差异

从表10中可以看出，儿童、青少年因父亲的学历不同，其在对己守信标准观和对他守信标准观上的得分均随父亲学历的升高而表现出上升的趋势。

在利益预期维度上，学生在回答对己守信的问题“当守信需要你付出利益代价时，你还能不违约吗”时，选择“肯定不能”的，其父亲学历从初中到研究生的学生的比率依次为32.0%、35.1%、34.0%、33.2%、35.3%，而选择“无论付出多大代价都能”的，其父亲学历从初中到研究生的学生的比率依次为26.3%、27.6%、32.3%、30.7%、33.3%。可见，大多数学生在回答这一问题时，选择了两个极端的选项，说明当前学生的守信标准观的发展具有功利性和坚定性的双重特征，父亲学历越高，子女守信标准观的发展所表现出的功利性和坚定性的两极分化就越明显。当学生在回答对他人守信的题目“在什么情况下你会原谅他人的不守信行为”时，选择“什么情况下都不能原谅”的，其父亲学历从初中到研究生的学生的比率依次为47.4%、50.3%、56.3%、54.6%、56.1%，父亲学历为专科的学生分值最高，其余呈依次上升的趋势。可见，父亲学历越高的学生，对他人不守信行为持“不原谅”态度的比率呈现上升的趋势。

在频率维度上，学生在回答对己守信的题目“你怎样判断自己是否是个守信(说话算数，不违约)的人”时，选择“每次都守信，从不违约才算”的，其父亲学历从初中到研究生的学生的比率依次为51.5%、54.3%、62.6%、59.2%、64.0%。从数据中可以看出，在频率的子维度上，大多数学生的对己守信标准是比较高的，而父亲学历为专科、本科、研究生的学生在对己守信标准的把握上比较相近且明显高于父亲学历为初中、高中的学生。在回答对他守

信问题“你怎样判断别人是否守信”时，选择“每次都不违约才算”选项的，其父亲学历从初中到研究生的学生所占比率依次为48.8%、50.1%、56.2%、53.8%、53.2%。其中，父亲学历为专科的学生比率最高，总体而言，父亲学历为专科、本科、研究生学历的学生比父亲学历为初中、高中的学生所占比率高。从数据可以看出，儿童、青少年在对己、对他守信标准上有较高的要求且父亲学历较高的学生更为突出，这说明父亲的文化程度对学生守信标准观的频率维度发展水平有较大的影响。

在情境约束的子维度上，学生在回答对己守信问题“你认为在什么情况下，你最有可能守信”时，选择“周围人都不守信”的，其父亲学历从初中到研究生的学生的比率依次为7.2%、9.2%、12.2%、17.5%、20.3%，呈逐渐上升趋势。父亲学历为研究生的学生比父亲学历为初中的学生比率高出13.1%，这说明父亲学历较高的学生能够更加客观地对待自己所处的环境，其道德品质的发展更少受周围人群的干扰，相对于父亲学历较低的学生，更能保持自己的守信度。学生在回答对他守信题目“你认为在什么情况下，他人最有可能守信”时，选择“周围所有人都守信”的，其父亲学历从初中到研究生的学生的比率依次为56.4%、59.8%、59.8%、56.4%、59.3%，父亲学历为高中、专科、研究生的学生比率高于父亲学历为初中生、本科生的学生比率，并且所选择的比率均超出半数，但总体差异不大。这说明多数儿童、青少年更倾向于认为他人的守信品质往往是随着环境的改变而改变的，具有更明显的情境约束性，而父亲学历的高低与儿童、青少年在这一问题上所持观点的性质并没有明显的关联。

在对象的子维度上，学生在回答对己守信标准观问题“在日常生活中，你更愿意对哪些人守信？请按‘最愿意’到‘最不愿意’排序”时，把“亲人”排在首位的学生依父亲学历从初中到研究生的顺序，比率依次为56.7%、56.9%、58.9%、60.0%、59.2%。总体而言，父亲学历较高的学生比率高于父亲学历较低的学生的比率。这一结果说明，在守信对象的选择上，大多数学生更倾向于以亲情为标准来选择守信的对象，而且随着学生父亲学历的升高，这一趋势更加明显。当学生在回答“你认为哪些人对你应该更守信？请按‘最该守信’到‘不该守信’排序”这一问题时，把“亲人”排在首位的学生人数比率依父亲学历从初中到研究生顺序，依次为56.2%、56.8%、56.9%、59.2%、61.7%。当学生在回答对他守信标准观问题“如果有人出现了对他人的不守信行为，作为旁观者，你会对哪些人表现出宽容？请按‘最会宽容’到‘最不会宽容’排序”时，把“亲人”排在首位的学生人数比率依父亲学历从初中到研究生顺序，依次为50.7%、50.9%、52.8%、53.7%、55.5%。这说明在选择守信对象时，父亲学历较高的学生与父亲学历较低的学生相比，更倾向于选择亲人为自己的守信对象，亲人对自己更应该守信，同时也更容易在感情上原谅亲人的不守信行为。这一现象既反映出父亲学历较高的家庭亲子关系的亲密程度，同时也体现出这种亲情在一定程度上已超越了道德原则本身具有的客观性。应该说，这一现象在儿童、青少年守信品质发展的过程中具有一定的普遍性。

4. 母亲学历对儿童、青少年守信标准观的影响

表11　儿童、青少年因母亲的学历不同，其守信标准观的方差分析表

	对己诚实			对他诚实		
	N	M	P	N	M	P
初中	1739人	16.47	0.000***	1728人	22.28	0.000***
高中	1341人	16.60		1386人	22.41	
专科	829人	16.89		828人	22.82	
本科	724人	17.06		723人	22.96	
研究生	386人	16.82		387人	22.53	

注：对己诚实标准题项有805个缺失值，对他诚实标准题项有772个缺失值

*** 表示t检验结果在0.001水平上表现为显著差异

从表11可以看出，儿童、青少年对己守信标准观的均分，依母亲学历由从初中到研究生的顺序依次为16.47、16.60、16.89、17.06、16.82。从数据中可以看出，母亲学历为初中、高中的学生与母亲学历为专科、本科、研究生的学生其均分存在一定的差距，而其中母亲学历为本科的学生均分最高，在对他守信标准观上也表现出与对己守信标准观大致相同的趋势。可以说，在总体趋势上，无论是在对己守信标准观的问题上，还是在对他守信标准观的问题上，母亲学历较高的学生比母亲学历较低的学生更倾向于具有严格的守信标准。

六、儿童、青少年认知性诚信观与意向性诚信观的相关性分析

认知性诚信观是指儿童、青少年对于诚信内涵、标准、价值的理解与认识，属于理性层面的观念。意向性诚信观是指儿童、青少年对于诚信行为的一种意愿性观念，即自己在面对诚信事件时所具有的一种行为倾向性，属于感性

层面的观念。意向性诚信观是建立在认知性诚信观基础上的，但与认知性诚信观又存在一定的差异。个体对于诚信价值的认识，有助于个体形成与诚信价值相一致的意向性诚信观，但二者并不完全等同。因为个体的意向性诚信观的形成不仅受个体认知性诚信观的影响，还受个体的兴趣以及诚信行为与个体利益关联性强弱的影响。意向性诚信观指向诚信行为，它是诚信行为发生的必要条件，与个体的诚信行为的产生动机是直接相关的。由于本调查问卷的诚信行为事件都是以案例的形式呈现的，儿童、青少年对案例的回答只能反映自身的一种行为倾向，并不是现实发生的诚信行为本身。所以，我们把通过案例所反映出的儿童、青少年的诚信观，称之为意向性诚信观(也可称为情境性诚信观)。正如个体的认知因素与行为之间存在不一致性一样，儿童、青少年的认知性诚信观与意向性诚信观往往也存在一定的差异性。

(一)认知性诚信价值观与意向性诚信价值观的比较

任何社会道德规范都是协调社会个体之间、群体之间彼此利益关系的行为准绳。社会个体或群体行为遵循诚信的道德原则，不仅能够为自己带来长远的社会利益，同时有助于团体、社会声誉的提升。由于个体对于长远利益与眼前利益、物质利益与精神利益、个人利益与社会利益的重视程度不同，因此个体对于诚信的认知性价值观也会存在一定程度的差异。不仅如此，由于个体所经历的道德实践的内容、方式，以及道德实践结果的差异，使得个体的道德实践体验、道德价值经验也会存在一定的差异。而个体的意向性诚信价值观正是个体道德实践价值体验的结果，尽管个体认知性诚信价值观与意向性诚信价值观都以观念的形态存在，但与认知性诚信价值观相比，个体意向性诚信价值观与个体道德实践体验的关联性更强。或者说，个体意向性诚信价值观更多地取决于个体的道德实践，而不是个体所接受的道德教育，而个体认知性诚信价值观与道德教育的关联性要强于意向性诚信价值观与道德教育的关联性。决定个体道德行为的直接动因是个体意向性诚信价值观，而非认知性诚信价值观。

在儿童、青少年的认知性诚信价值观与意向性诚信价值观的比较上，学生在回答“你认为诚实(不说谎)和守信(说话算数，不违约)哪个更重要”这一问题时，有8.6%的学生认为“诚实更重要”，16.3%的学生认为“守信更重要”，70.9%的学生认为诚实与守信这两种道德品质同等重要，另有4.2%的学生选择“说不清”。单纯从学生对于诚实与守信价值的认知上来看，以上数据表明，绝大多数学生倾向于认为两种道德品质是同等重要的，其余的学生中，认为守信重要的学生略多于认为诚实重要的学生。

学生在不涉及具体情境时，对诚信价值的认知与具体情境下的诚信价值认知存在一定程度的差异性。衡量学生具体情境下对诚信价值认知的问题，是以案例的形式呈现的，给出学生某一具体情境，如“班里要评选一名诚信标兵，有的同学推选王大明，有的同学推选李小松。王大明的典型事迹是：下雪了，许多同学都迟到了。上课前，老师说：‘家住得远，坐公交车上学的同学今天迟到可以不做检查，但住在学校附近的同学迟到必须站起来做检查。’王大明的家离学校比较远，一直坐公交车上学，但昨晚却住在学校附近的奶奶家，早晨贪睡也迟到了。平时王大明很爱面子，最怕做检查，况且没人知道他昨晚住在奶奶家，可他还是站起来向同学做了检查。李晓松的典型事迹是：李小松与10位同学商量好，星期天下午2点到学校为新年晚会排练节目。不巧的是，星期天早晨，叔叔给他送来一张周杰伦演唱会的门票。李小松最喜欢周杰伦了，但考虑到已经和同学们约好了，他还是让叔叔把票给了别人，自己准时参加学校的节目排练。”要求回答的问题是“如果让你参加诚信标兵的评选，你把票投给谁”这一情境性案例问题时，其中学生在回答认知性诚信价值观问题时各选项的人数在回答情境性问题时各选项上的分布情况见表12。

表12　学生认知性诚信价值观与意向性诚信价值观切合度统计表

	诚实标兵 王大明	守信标兵 李小松	说不清 弃权	合计
诚实重要(490人)	27.0%	55.8%	17.2%	100%
守信重要(928人)	22.4%	60.9%	16.7%	100%
说不清(241人)	24.5%	37.3%	38.2%	100%
同等重要(4041人)	25.6%	51.4%	23.0%	100%

从表12可以看出，学生在回答认知性诚信价值观问题时选择“诚实重要”“守信重要”“同等重要”“说不清”选项的学生，在回答意向性诚信价值观问题时并没有完全选择相同性质的选项，这说明儿童、青少年在认知性诚信价值观与意向性诚信价值观之间存在着明显的不一致。其中，认知性诚信价值观选择“诚实重要”“守信重要”“说不清”选项的学生与意向性诚信价值观的切合度分别为27.0%、60.9%、38.2%，认知性诚信价值观与意向性诚信价值观切合度最高的是认为“守信重要”的学生。而在认知性诚信价值观问题上选择“诚实重要”“说不清”的学生在回答意向性诚信价值观问题时，二者的切合度只有

27.0%和 38.2%，这其中的多数学生转而选择了“守信标兵李小松”。这一现象表明，学生在认识上认为“诚实重要”“说不清”的学生在面对情境性问题时，具有转向认为“守信重要”的倾向性；在认识上认为“守信重要”的学生在面对情境性问题时，大部分学生仍保持着认知与意向的一致性，少部分学生存在认知性诚信价值观与意向性诚信价值观的不一致性，这种不一致性要低于认知性诚信价值观中选择“诚实重要”“说不清”的学生在这一问题上所体现的不一致性。

需要说明的是，在回答认知性诚信价值观问题时，选择“诚实与守信同等重要”的学生在回答意向性诚信价值观问题时，有 51.4%的学生选择了“守信标兵李小松”，25.6%的学生选择了“诚实标兵王大明”，有 23.0%的学生选择了投“弃权票”。这一组数据进一步体现出儿童、青少年的认知性诚信观与意向性诚信观之间的不一致性，在意向性诚信观问题的选择上有注重守信价值的倾向性。

当然，在意向性诚信价值观问题的设计上，在诚实事迹中，由于诚实标兵的诚实品质的有无与他人利益的得失并不存在关联性。而在守信事迹中，守信标兵的守信品质的有无与他人的利益得失存在必然的联系，即守信主人公如果违背诺言，则会影响班级新年晚会节目排练的顺利开展，这可能也是影响学生在思考意向性诚信价值观问题时更重视个体守信品质的原因之一。由于意向性诚信价值观与认知性诚信价值观相比，更接近于个体的情感、态度及具体情境下个体的真实价值判断。由此可见，具体情境下儿童、青少年对于诚信价值的认知，主要是以个体道德品质是否与他人利益的得失相关联为依据，并以此为准绳对他人道德品质的重要程度进行比较和价值判断的。实际上，诚信这个道德范畴最终可以归结到利己与利他的统一关系上，儿童、青少年的意向性诚与信的价值评价判断依据，主要体现为利他性的，而非利己的。

(二)情境约束下的认知性守信标准观与意向性守信标准观的比较

守信标准观是指个体对自己或他人的道德行为性质的理解与认识，看其是否符合守信行为的判断标准。由于个体的认识与判断不仅受个人经验的影响，而且在不同的情境中，对不同对象的守信行为的认识与判断标准也会发生改变，表现出个体守信行为判断标准的差异性、不稳定性。这里的情境约束主要是从两个方面体现的，一是群体内其他成员守信品质的有无对个体守信行为发生概率的影响，二是群体环境中的监督力量的强弱对个体守信行为发生概率的影响。

表 13　学生对己、对他守信标准观比较表

	你认为在什么情况下你(他人)最有可能守信?				
	所有人守信	多数人守信	半数人守信	少数人守信	别人都不守信
对己	50.6%	21.8%	9.9%	6.2%	11.5%
对他	58.0%	23.7%	9.3%	3.8%	5.2%

学生在回答认知性“对己”守信标准观问题“在什么情况下你最有可能守信”时，有 50.6%的学生选择“所有人守信”，21.8%的学生选择了“多数人守信”，二者的比率之和为 72.4%。学生在回答“对他”守信问题“你认为，在什么情况下他人最有可能守信”时，有 58.0%的学生选择“所有人守信”，23.7%的学生选择“多数人守信”，二者的比率之和为 81.7%。从学生的回答状况可以看出，绝大多数的儿童、青少年倾向于认为“自己或他人的守信行为是在周围绝大多数人具备守信品质时才会发生的”。这也进一步体现出环境因素在个体诚信品质形成过程中的重要作用。而且，儿童、青少年倾向于认为他人守信行为发生的环境制约性更明显，由此可见，营造一个诚信的社会环境对儿童、青少年诚信品质的形成具有重要作用。

调查问卷中所设计的意向性守信标准观问题是：“考试前，所有同学都承诺‘考试过程中不作弊’。但在考场上，李亮亮发现有同学在作弊，他觉得太不公平了，恰好这时有一道题难住了他，于是李亮亮也打开课本抄写答案。你认为李亮亮的行为算不算不守信?”有 77.6%的学生认为李亮亮的行为“A 是不守信”，9%的学生认为“B 如果多数人作弊，李亮亮作弊就不能算不守信，否则就是不公平”，3.4%的学生认为“C 如果有一半的人都在作弊，李亮亮作弊就不能算不守信，否则就是不公平”，2.3%的学生认为“D 如果有一些人在作弊，李亮亮作弊就不能算不守信，否则就是不公平”，7.7%的学生认为“E 只要有人作弊，李亮亮作弊就不能算不守信，否则就是不公平”。从学生的回答状况来看，多数学生的意向性守信标准观，倾向于依据守信的含义，对在特定情境中个体在守信事件中所发生的行为的性质做出判断。但仍有 22.4%的学生认为，判断个体行为的性质应根据周围人的行为特点而定，体现出个体守信行为判断标准的情境性。

群体其他成员的行为性质与特点不仅影响人们对群体成员守信行为的判断标准，同时也影响着人们对群体其他成员发生类似行为的可能性的推测与判断。不仅群体成员的行为性质与特点是人们对个体行为发生可能性判断的依据来源，而且行为发生的环境约束力的强弱，也影响着人们对个体行为发生可能性的判断。

学生在回答“考试中，在什么情况下你会有作弊的念头”这一问题时，有67.3%的学生回答“从来没有作弊的念头”，有25.2%的学生回答“监考老师不在场，作弊没有风险时”，其他学生回答“即使监考老师较为严格，作弊有风险时也会作弊”。尽管多数学生在考试过程中倾向于遵守考试纪律，不存在作弊的念头，但仍有约32.7%的学生视周围环境压力的大小，有作弊的意向，表现出这部分学生所具有的潜在的不守信的道德倾向。

表14　儿童、青少年的认知性守信标准观与意向性守信标准观的比较

		李亮亮的行为算不算不守信				
		A	B	C	D	E
你认为在什么情况下他人最有可能守信	所有人守信(3329人)	80.7%	8.3%	2.4%	1.8%	6.8%
	多数人守信(1362人)	77.7%	9.3%	3.3%	2.5%	7.2%
	半数人守信(527人)	68.4%	10.8%	6.3%	4.6%	9.9%
	少数人守信(220人)	67.8%	10.6%	6.0%	1.4%	14.2%
	别人都不守信(304人)	67.7%	11.0%	6.7%	3.7%	11.0%

注：该题项有82个缺乏值。

从表14可以看出，所有学生在回答情境性诚信问题时均表现出相同的特点和趋势，即依据学生选择比率的大小依次为“A、B、E、C、D”。这一特点说明，学生在回答情境性守信标准观问题时的趋势，并没有因其认知性守信标准观的不同而不同。可见儿童、青少年的意向性守信标准观与他们的认知性守信标准观的相关性不大。由于意向性守信观的问题具有一定的情境性，关涉儿童、青少年的道德情感体验和道德价值体验，这也进一步强化了这样一种观点，即儿童、青少年的意向性守信标准观与个体的道德价值体验相关，而与个体的认知因素的相关度不明显。

(三)利益预期背景下的儿童、青少年认知性诚实价值观与意向性诚实价值观的比较

一方面，诚实作为一种道德品质，对个人、团体或社会而言具有不同的价值，另一方面，不诚实在某些时候也会为个体、团体带来一定的眼前利益。个人在不同的利益权衡与价值冲突中会做出不同的利益抉择，进而影响到个体行为的诚实或不诚实的行为属性。

儿童、青少年在回答认知性诚实价值观问题“你可能为哪种利益去说谎?

从‘最有可能’到‘最不可能’进行排序”时，学生把相应选项排在第一位的人数依次是：为了家庭的利益(1845 人)、为了学校的利益(1308 人)、不管为了谁的利益都不能说谎(1125 人)、为了国家的利益(744 人)、为了个人的利益(614 人)。

以上的回答体现了学生诚实价值标准的条件性变化趋势：当家庭利益、群体利益、公共利益发生冲突时，个体往往采取“由近及远”的方式来保护家庭利益、所属群体利益及公共利益，由此所表现出的诚信行为具有相对性。因利益主体不同而坚持不同的诚信标准与我国重私德轻公德的传统道德文化的影响是分不开的。中国是一个以血缘为纽带建立起来的亲缘社会，规则意识薄弱，在社会交往中人伦关系往往主宰和左右规则，而人伦关系又存在着层次性和等级性，导致同一规则在不同的人际关系中体现出不同的标准。正如费孝通先生所指出的，中国社会是一个存在“格序差距”的社会，儒家所倡导的“仁爱”是有差别的，诚信价值观作为协调人际关系的道德法则之一，自然也因人伦关系的远近而有所不同。其中，血缘亲情始终是最基本、最重要的人际情感，因此家庭利益是个体首先要维护的，这种利益重于一切其他利益，为此个体不惜违背社会基本道德法则，不惜牺牲社会公共利益。

儿童、青少年在回答认知性诚实价值观问题“你认为诚实对哪个方面最有价值”时，有 2.1％的儿童选择“个人”，18.3％的儿童选择“团体(如学校、班级、企业等)”，23.1％的儿童选择“社会”，56.5％的儿童选择“对哪个方面都没价值”。从儿童、青少年对诚实这种道德品质的价值认知来看，超出半数的学生认为诚实无论对于个人、团体或社会都没有价值。出现这种现象的原因是多方面的，其一说明社会或团体中存在这样一种潜在的共识，即认为诚实是个体需要无条件遵守的基本道德准则，对于遵守诚实道德准则的人来说并没有赋予他或他所在的团体以任何可被感知的回报；其二，如果说社会或团体对具有诚实品质的个体存在回报的话，这种回报也未必是及时的，因此个体即使能够感受到相应的回报，也未必能够建立起诚信品质与这种回报之间的对应关系；其三，说明诚实的个体需要社会或他人的回报，而他并未获得自己所需要的回报；其四，说明整个社会还没有营造出一种有利于诚实品质形成的社会环境，当一个具有诚实品质的个体处于一种不诚实的环境中时，个体的诚实品质不但得不到周围环境的认同，同时这种品质也会逐渐因缺少外在环境的强化而趋于消退。在儿童、青少年对这一问题的回答选项中，只有 2.1％的学生认为诚实对“个人”有价值，实际上这一选项也是在所有选项中最低的。个体道德品质的形成与稳定，主要在于这种道德品质本身对于提升个体社会生活质量的价值和意义，这一数据进一步反映出，当前社会环境还没有形成一种有利于个体诚实道德品质生成的氛围。

当儿童、青少年在回答“你认为在下列哪种情况下，自己可以说谎”这一问题时，有 14.7％的学生选择“当说谎会给自己带来重大利益时”，3.5％的学生选择“当说谎会给自己带来比较大的利益时”，5.4％的学生回答“当说谎会给自己带来一定利益时”，10.2％的学生选择“当说谎能给自己带来一点利益时”，66.2％的学生选择“什么情况下都不能说谎”。从以上数据可以看出，近七成的学生能够认识到说谎这一不道德的行为是不应该在自己身上发生的。当然，这仅仅是学生在认识上对于诚实这一道德品质的价值理解，当这种认识涉及具体的情境时，就会发生一定程度的改变。

当学生在回答意向性诚实价值观问题“丁一学习成绩一直很好，但就是体育成绩上不来，所以一直没被评上三好学生。在今年的越野长跑测试中，如果能跑出 10 分钟以内的成绩，他今年就有望获得三好学生的称号。眼看就要到 9 分钟，可离终点还有一段距离。情急之下，他抄了近道，最后用 9 分 30 秒完成了测试。当老师问到：你是按照规定路线跑的吗？丁一回答：是！如果是你，你会怎样做”时，7.0％的学生选择“A 任何情况下，都会像丁一那样去做”，有 5.9％的学生选择“B 有可能被评上校级三好学生时”，4.2％的学生选择“C 有可能被评上区级(县级)三好学生时”，有 12.7％的学生选择“D 有可能被评上市级三好学生时”，有 70.2％的学生选择“E 什么情况下都不会像丁一那样做”。从学生对这一问题的回答状况来看，大多数学生都能够认识到，个人在活动过程面对利益时应采取实事求是的态度，不能以不正当的手段换取个人利益。从总体上来看，这一数据与学生在回答“你认为在下列哪种情况下，自己可以说谎”这一问题时选择“什么情况下都不能说谎”的学生比率大体相当。

从儿童、青少年认知性诚信价值观与意向性诚信价值观的切合性来看，利益预期背景下儿童、青少年的认知性诚实价值观与意向性诚实价值观并非完全一致，二者之间存在一定的差异性(见表 15)。

表 15 利益预期背景下的儿童、青少年认知性诚实价值观与意向性诚实价值观切合度统计表

		如果是你，在什么情况下会像丁一那样去做？				
		A	B	C	D	E
你认为在下列哪种情况下，自己可以说谎	当说谎会给自己带来重大利益时(847 人)	8.6%	5.3%	5.5%	27.5%	53.1%
	当说谎会给自己带来比较大的利益时(200 人)	8.1%	11.1%	12.1%	26.8%	41.9%
	当说谎会给自己带来一定利益时(311 人)	7.1%	12.2%	13.2%	17.7%	49.8%
	当说谎能给自己带来一点利益时(590 人)	7.8%	11.4%	6.5%	15.8%	58.5%
	什么情况下都不能说谎(3832 人)	6.5%	4.4%	2.4%	8.0%	78.7%

注：该题项有 44 个缺失值。

其中，切合度最高的是在回答认知性诚实观问题时选择“什么情况下都不能说谎”的学生，其切合度为 78.7%，其他四个选项上的切合度均未超出 30%。而且，从学生在回答意向性诚实价值观问题的比率来看，存在一个共同的趋势，即学生选择“任何情况下都不能向丁一那样去做”的比率都是最高的。这说明利益预期背景下，持功利的认知性诚实价值观的儿童、青少年在面对情境性诚实价值观问题时，存在着向以客观规则为取向的意向性诚实价值观转化的倾向性。导致这种状况的原因可能是由于儿童、青少年认识上的利益标准与情境性诚实价值问题中所呈现的利益标准不一致。另外，从学生对于认知性诚实价值观与意向性诚实价值观问题回答过程中选择“什么情况下都不能说谎”的比率(66.2%)低于选择“什么情况下都不会像丁一那样做”(70.2%)的比率这一情况分析，说明利益预期背景下，儿童、青少年的意向性诚实价值观与认知性诚实价值观相比，更趋于客观化。

(四)利益预期背景下儿童、青少年认知性守信观与意向性守信观的比较

当守信还没有成为儿童、青少年道德行为所遵循的客观、普遍性准则的时

候，他们的守信行为会因守信对象、守信行为的利益关涉以及守信的情境等因素的不同而不同。认知性守信观方面，在儿童、青少年守信行为对象的选择上，当他们在回答"日常生活中，你更愿意对哪些人守信？请按'最愿意'到'最不愿意'排序"这一问题时，学生把"亲人"排在首位的有3293人，占58.8%，把"陌生人"排在首位的有840人，占15%，把"朋友"排在首位的有1136人，占20.3%，把"同学"排在首位的有141人，占2.5%，把"老师"排在首位的有193人，占3.4%。学生的第一选择频率最高的是亲人，其次是朋友。这也进一步体现出儿童、青少年在认知性守信观的发展过程中，在守信对象的选择上存在着亲情至上、漠视他人的现象。

当学生在回答利益预期背景下的认知性守信观问题"当守信需要付出代价时，你还能不违约吗"问题时，选择"肯定不能"的学生占33.8%，选择"付出较小代价时能"的学生占13.1%，选择"付出一定代价时能"的学生占11.7%，选择"付出较大代价时也能"的学生占12.0%，选择"无论付出多大代价都能"的学生占29.4%。从学生的回答状况来看，选择"肯定不能"选项的学生比率最高，这说明多数学生的守信行为往往与个人一定的利益付出相联系，只有这种利益付出没有造成自己较大损失时，才能遵守诺言。从而体现出当前学生守信道德品质的形成还不够稳定，多数学生尚未将守信视为一种普遍性的道德准则来约束自己的行为，具有一定的功利性。

当学生在回答意向性对己守信观问题"今年上初二的陈诚和刘信是好朋友，双方曾约定为彼此的事保密，这学期刘信偷偷交了一个女朋友，班主任找陈诚调查情况。陈诚平时从不说谎，老师和同学们都十分信任他，这事让陈诚很为难。如果你是陈诚，你怎么办"时，选择"A 朋友之间不能违约，无论发生什么事情，坚决不能揭发刘信交女朋友的事"的学生占24.4%，说明这部分学生的守信行为所坚守的原则是一种客观化的原则，并不因事件性质的不同而改变。选择"B 如果刘信和自己闹矛盾，就把他交女朋友的事告诉班主任"的学生占3.7%，这部分学生把自己能否遵循守信的行为原则与个人私利结合在一起，说明这部分学生的守信行为发展处于工具性层面上。选择"C 如果刘信因交女朋友成绩有所下降，就把他交女朋友的事告诉班主任"的学生占34.8%，这部分学生虽然把自己是否遵守诺言与个人利益结合在一起，但实际上是把朋友的利益看成自己的利益，与前一种只视个人私利的得失而决定自己是否守信的学生相比，其守信行为的发展处于利他性层次。选择"D 如果刘信因交女朋友影响到班风或班级荣誉，就把他交女朋友的事告诉班主任"的学生占23.2%，这部分学生把个人是否履行诺言与群体公共利益相结合，以群体公共利益的得失来决定自己的行为是否守信，与前两种情况相比，其守信行为的发展处于更高的水平。选择“E只要班主任问了，就把他的事告诉班主任”的学生占13.9%，这部分学生守信行为并没有遵守任何约定。出现这种状况的原因可能是学生在面临诚实与守信冲突的情境下，遵循了诚实的原则。也可能是学生根据自己能否避免外在惩罚来决定自己行为的性质，说明学生守信行为的发展处于较低的水平。

从学生认知性守信观与意向性守信观的比较来看，利益预期背景下的学生认知性对己守信观与意向性对己守信观的发展表现出一定的不一致性。在认知性对己守信观问题中，把“朋友”作为自己首先选择的守信对象的1136名学生中，在回答意向性对己守信观问题时，有31.8%的学生选择“坚决不揭发刘信交女朋友的事”，也说明在这一问题上，儿童、青少年认知性对己守信观与意向性对己守信观的切合度仅为31.8%。但另有38.7%的学生选择“如果刘信因交女朋友成绩有所下降，就把他的事告诉老师”，这部分学生尽管没有遵守彼此的约定，但却是出于为朋友利益着想的角度而违反了当初的诺言。在这部分学生心目中，朋友学习成绩提高与否，胜过他交女朋友被揭发后的利益损失，所以他们采取了在这种情况下揭发他交女朋友的这一失信的行为选择。这两部分学生的比率之和达到70.5%，应该说二者之间的相对切合度是较高的。

从学生对认知性对己守信观问题“当守信需要付出代价时，你还能不违约吗?”与意向性对己守信问题的回答的切合度来看，回答认知性问题选择“付出较小代价时能”“付出一定代价时能”和“付出较大代价时也能”选项的学生在回答意向性对己守信观问题时都表现出相同的趋势，即选择选项C的学生比率最高，其次为选择A选项、D选项、E选项、B选项的学生。这说明在认知性对己守信观问题的回答中选择中间选项的学生，他们的认知性对己守信观与意向性对己守信观的相关性较小，或者说他们的意向性对己守信观受认知性对己守信观的影响不大。而认知性守信观问题选择“肯定不能”的学生在回答意向性对己守信观问题时理应选择选项E，但实际上这部分学生选择选项C的比率最高。认知性对己守信观问题选择“无论付出多大代价都能”的学生从理论上来说在回答意向性问题时应该选择A选项，但实际上选择A选项的学生只占22.2%。看来，利益预期背景下儿童、青少年认知性对己守信观与意向性对己守信观的相关性较小，且他们在回答意向性对己守信观问题时都表现出一定程度的共同趋势，即选择都倾向于选择“C 如果刘信因交女朋友成绩有所下降，就把他交女朋友的事告诉班主任”，而选择“B 如果刘信和自己闹矛盾，就把他交女朋友的事告诉班主任”选项的学生比率最低，在意向性对己守信观上表现出一定的“利他性”。

表 16　利益预期背景下的儿童、青少年认知性对己守信观与意向性对己守信观切合度统计表

		如果你是陈诚，你该怎么办？				
		A	B	C	D	E
当守信需要付出代价时，你还能不违约吗	肯定不能(1941 人)	24.7%	3.9%	30.2%	18.6%	22.6%
	付出较小代价时能(752 人)	26.2%	5.2%	40.8%	15.1%	12.7%
	付出一定代价时能(674 人)	27.6%	3.0%	41.3%	17.8%	10.3%
	付出较大代价时也能(690 人)	23.3%	2.5%	44.7%	19.9%	9.6%
	无论付出多大代价都能(1688 人)	22.2%	3.6%	30.7%	19.8%	23.7%

调查过程中，问卷不仅设计了意向性对己守信观问题，而且设计了意向性对他守信观问题，即儿童、青少年对于他人在面对情境性案例问题时可能表现出的守信行为的看法。学生在回答意向性对他守信观问题“张东在路上看到一辆小轿车撞倒了一位陌生的老大爷，轿车逃跑了，他机警地记下车牌号。老大爷的家属赶来后，张东把事情的经过详细地讲了一遍。家属请求张东帮他们去法庭作证，张东答应了。回家后，张东的家人都反对他去作证，怕惹来麻烦……你认为张东在什么情况下会去法庭作证”时，有 6.2%的学生选择了“A 不去作证”，有 8.9%的学生选择了“B 如果作证惹的麻烦较小就去”，5.6%的学生选择“C 即使作证会惹来一定的麻烦，也去”，5.6%的学生选择“D 即使作证会惹来较大的麻烦，也去”，73.7%的学生选择“E 不论遇到多大的麻烦，都去”。从学生对这个问题的回答状况看，绝大多数学生能够从意愿上体现出，即使是对陌生人，只要我们向他许下了诺言就应该无条件地履行诺言的愿望，这也说明在我国儿童、青少年中，多数人在守信发展过程中具有信守承诺的潜在的道德品质。

表 17　利益预期背景下的儿童、青少年认知性对他守信观与意向性对他守信观切合度统计表

		你认为张东在什么情况下可以到法庭作证?				
		A	B	C	D	E
在日常生活中，你更愿意对哪些人守信	陌生人第一位(1318 人)	4.3%	8.8%	6.9%	5.5%	74.5%
	陌生人第二位(1966 人)	5.6%	6.3%	3.6%	4.6%	79.9%
	陌生人第三位(1410 人)	6.5%	10.9%	5.6%	5.6%	71.4%
	陌生人第四位(692 人)	8.1%	9.3%	5.8%	6.0%	70.8%
	陌生人第五位(198 人)	10.7%	16.2%	11.2%	9.1%	52.8%

从表 17 可以看出，在认知性守信观问题上把“陌生人”排在第一位、第二位的学生在回答意向性对他守信观问题时，选择“E 不论遇到多大的麻烦，都去”的比率要高于把“陌生人”排在第三位、第四位、第五位的学生选择这一选项的比率，且选择这一选项的学生比率在所有选项中是最高的，或者说选择比率的变化趋势是大致相同的。这样看来，把“陌生人”作为守信对象，其所排的位次不同虽然影响学生的意象性对他守信观，但这种影响还不是非常明显。

七、结论与建议

(一)学校诚信教育应更关注其对学生个体生活和成长的价值

我国儿童、青少年基本上能够对诚信的含义有准确的把握，超出半数的儿童、青少年认为诚信品质的形成对社会的发展更具现实意义，这无疑体现出当前学校诚信教育过程中的社会本位倾向。社会本位的诚信教育突出诚信的社会功能，强调诚信教育对社会发展的动力作用。然而，社会本位的诚信教育往往不是从个体的内在需要出发，而是从国家与社会需要的角度将外在的道德准则灌输给学生，强调个人对社会价值的服从和个人对社会的适应，从而易于导致律法主义，致使学生在面临诚信两难情境时不是从内在的诚信价值标准，而是从外在的规则出发做出判断与选择，导致其行为的道德自律性较低。

因此，在学校诚信教育中需要强化诚信教育的个人价值取向，使学生认识到诚信与个人生活幸福的内在联系。当然，突出个人取向的诚信教育是在保证诚信教育对社会发展作用的前提下，使诚信教育更加贴近学生的现实生活，强调诚信教育的个性色彩，以增强诚信教育的效果。

(二)学校在诚信教育过程中应提高学生客观评价自我的能力，促进学生承诺与践行的统一

我国儿童、青少年在诚实和守信这两个道德品质的对己、对他两个范畴上均表现出极显著的差异性。学生在诚实品质方面，对自己要求高对他人不关注；在守信品质方面，对他人要求高，而对自己要求低，这充分表明学生的对己、对他两个范畴上诚信标准的不一致性。我们认为，造成这种不一致性的主要原因有二：第一，由学生在道德成长过程中，对己、对他两个范畴中的道德认知发展不均衡所致；第二，我国在学校道德教育过程中存在重私德、轻公德的现象。鉴于此，一方面，学校诚信教育中需要考虑到诚信是需要人们共同遵守和维护的道德底线，只有如此，才能发挥诚信在社会发展中的重要作用；另一方面，学校在诚信教育中，要培养学生客观评价自我、准确评价客观环境和条件的能力，这样才能提高学生恰当做出承诺，并合理履行自身承诺的能力，也可以避免学生因无法履行自身承诺而降低对自身守信标准和要求的现象发生。

(三)学校诚信教育要正视学生的性别差异，促进不同性别学生诚信标准的提升

在诚实观上，男女学生的对己诚实观存在显著的性别差异，女生高于男生，在对他诚实维度上不存在显著的性别差异，在守信观上，不存在显著的性别差异。这一结论反映出男生对自己的诚实要求有偏低的倾向，导致这一状况的原因是多方面的，但和学校教育的过度要求与男生行为特点的无拘无束、不拘小节所造成的冲突与矛盾是不无联系的。正是由于男生行为特点与学校要求上的冲突与矛盾，使得男生在学校教育过程中更多地成为教师惩罚的对象。为了避免教师的惩罚，男生往往倾向于以说谎的方式逃避惩罚，并导致男生对个人的诚实要求标准降低。因此，学校教育过程中，适度放宽对男生的要求标准，认同男生行为特点的合理性，将成为男生提高个人诚实标准的重要措施。

另外，这种性别差异还可以通过学校诚信教育中男女学生之间的分工协作而不断缩小，随着学生年龄的增长、生理的成熟，男女学生之间的交流与协作存在不断减少的倾向性。这主要表现在学生往往喜欢与同性别的学生进行各种社会实践活动，学校在这一过程中往往采取不干涉的做法。事实上，诚信是一

种具有较强实践性的道德品质。诚信观的形成既需要认知上的正确导向，更需要生活中通过不同的实践活动形式得以强化。在这一过程中，学校可以通过男女学生之间团队合作的活动形式，以提高诚信教育的效果。团队合作式的诚信教育既可以提高团队成员个体的诚信品质，又可以通过团队中一些学生某方面良好诚信品质的表现，为其他学生起到表率的作用，通过相互影响，促进团队成员的诚信品质共同提高。

(四)学校诚信教育要强化学生的诚信公德意识，努力营造诚信的教育环境

我国儿童、青少年在诚信对象的选择上，具有依亲情的亲疏程度选择个人诚信对象的倾向性。这种特点的存在也是学校诚信教育过程中存在重私德、轻公德现象的又一个例证，它说明当前儿童、青少年还没有把诚信作为协调整个社会人际行为的普遍性道德规范。这一现象既反映出当前学校道德教育对学生道德行为要求“从我做起、从小事做起”的无奈，同时也深刻表明营造一种诚信的社会环境对学生诚信品质形成的重要性。学校诚信教育的任务在于，让学生形成一种“诚信作为一种道德品质，它对个人来说并不意味着损失，其利益在于未来”这样一种观念，同时努力营造一种诚信的教育环境以促进学生个体诚信行为由他律向自律的转化。

(五)学校诚信教育应加强与学生家长的沟通，实现诚信教育的主体化

儿童、青少年诚信观的发展水平与其家庭背景因素存在较明显的相关性，因父母的学历不同，其儿童、青少年诚信观的发展水平表现出较显著的差异性。儿童、青少年无论是在诚实观方面，还是在守信观方面都随着父母学历的不同而表现出显著的差异性，并在总体趋势上，有随着父母学历升高，其诚信观的认识水平逐渐提高的趋势。要改变这种现状，需要从两方面入手：第一，建立家长学校，增进学校与家庭之间的沟通，探寻儿童、青少年在道德教育中存在问题的症结所在，有针对性地提高家长在教育子女过程中的教育素养与技能，进而有效发挥家庭教育在道德教育过程中的作用；第二，学校要针对家庭环境不良的学生在诚信教育方面提供补偿教育。实际上，德育与智育在教育形式与方法方面在某种程度上有着诸多的类似之处，对于那些道德发展水平较低的儿童，应该提供对促进他们的道德品质形成方面具有针对性、富有成效的教

育措施，以弥补他们在家庭影响上所存在的不足。

（六）学校诚信教育应注意消解学生的道德认知冲突，促进学生诚信知行的统一

儿童、青少年认知性诚信观与意向性诚信观存在一定的不一致性，由于意向性诚信观是指个体对具体社会情境中的诚信行为的标准或价值看法，它与个体在现实社会情境中的诚信行为联系更加紧密，进而体现出个体在诚信认知与诚信行为之间可能存在的差异性。个体认知性的诚信观念主要来源于学校或家庭的诚信教育，而诚信行为则更多受社会情境熏陶的影响，可见有效的诚信教育必然是认知性诚信观教育与社会诚信环境营造的统一与结合。否则，将造成个体诚信观念与行为的冲突与脱节。

（七）强化家庭诚信教育，发挥家校合作在学生诚信观形成中的合力作用

研究发现，学生诚信观的形成与家长学历的高低存在一定的关联性。家长学历高的学生在诚信观的形成上，其对自己或他人诚信标准的要求往往表现出偏高的特点。这一现象也进一步说明，在儿童、青少年的道德品质形成上，家庭的教育功能是不可替代的。家庭教育与学校教育相比，其影响更深刻，成效更久远。但家庭教育是潜在的、零散的、无序的、缺乏系统性，产生的影响既可能是积极的，也可能是消极的。所以发挥家庭教育的积极功能需要学校教育的引导和支持，学校应通过开办家长学校、设立家长接待日、召开家长会、定期家访等方式，及时与家长交流与沟通，提升家长的教育素养和教育技能，以增强家校教育的合力，充分发挥家校合作在促进学生正确诚信观形成中的作用。

下 篇

中国儿童、青少年诚信观发展特点研究

一、调查取样与样本分布状况

我们以整班联系、自愿参加的方式于 2008 年 9 月至 2009 年 12 月在辽宁鞍山、河南郑州、甘肃兰州、广东珠海等地分别选取中国北部、中部、西部、东南部四省区的小学二年级、小学四年级、小学六年级、初中二年级和高中二年级学生样本总计 5824 个，进行了团体测试。测量工具采用自编问卷《儿童、青少年诚信观调查问卷》，研究样本分布于上述四个地区七所小学、七所初中、七所高中的 109 个班级。调查样本的性别、年级和地区等分布状况见表 18。

表 18 调查样本总体情况

分布地区	河南 1840(31.59%)	甘肃 1057(18.15%)
	辽宁 1936(33.24%)	广东 991(17.02%)
性别	男 2856(49.04%)	女 2726(46.80%)
年龄	5～20 岁(平均 12 岁，标准差 3.35)	
民族	汉族 5497(94.39%)	少数民族 250(4.29%)
年级	小学二年级 1091(18.73%)	小学四年级 1198(20.57%)
	小学六年级 1184(20.33%)	初中二年级 1165(20.00%)
	高中二年级 1186(20.37%)	

续表

父亲学历	初中及初中以下 1627(27.94%) 大专 850(14.59%) 本科以上 490(8.41%)	高中 1460(25.07%) 本科 859(14.75%)
母亲学历	初中及初中以下 1811(31.10%) 大专 875(15.02%) 本科以上 400(6.87%)	高中 1413(24.26%) 本科 766(13.15%)

注：儿童、青少年人数为 5824 人，其中性别缺失数据 242(4.16%)，民族缺失数据 77(1.32%)，父亲学历缺失数据 538(9.24%)，母亲学历缺失数据 559(9.60%)

我们亲赴研究现场，首先在教研室向需要发放问卷班级的班主任简要介绍了问卷调查的目标和填写规则，在每一个班级发放问卷之前，都向被试宣读问卷指导语、强调注意事项，必要时还进行了问卷填写的现场指导，以确保被调查者能够遵循自愿原则认真回答问题。问卷测试没有严格的时间限制，高中二年级学生一般能够在 30 分钟左右完成全部题目，初中二年级学生一般在 40 分钟左右填写完毕，小学四年级和六年级学生完成时间大致在 50 到 60 分钟。鉴于小学二年级学生识字量和阅读能力有限，我们事先对发放问卷班级的班主任进行朗读和问卷填写方法指导，这样小学二年级的被试都是在听到班主任教师读完问题和备选项目之后步调一致地进行问卷回答的，他们的完成时间大致在 80 分钟左右。

二、中国不同年级儿童、青少年对“诚信”含义理解状况的调查分析

为了深入调查我国儿童、青少年对“诚信”内涵理解的年级特征，我们设计了 5 个题目(即问卷条目 1、2、3、6、11)，分别从是否听过“诚信”，能否清晰理解“诚信”，更看重“诚”还是看重“信”这三个方面调查当前我国不同年级儿童、青少年对“诚信”含义的认识。通过对上述 5 个题目调查结果的统计分析，我们发现当前我国不同年级儿童、青少年对“诚信”含义的理解总体呈现如下特点。

(一)中国儿童、青少年对“诚信”内涵的理解呈现明显的年级特点

从小学二年级到小学六年级，儿童对“诚信”内涵的理解呈现明显的不间断性增强态势，小学六年级之后，儿童、青少年对“诚信”内涵的理解日趋稳定。

小学六年级、初中二年级和高中二年级学生对“诚信”含义的理解没有统计学意义上的显著差异。

表 19　不同年级儿童、青少年诚信内容把握差异统计

年级	小学二年级	小学四年级	小学六年级	初中二年级
小学四年级	1.53745**			
小学六年级	2.44366**	0.90621**		
初中二年级	2.52516**	0.98771**	0.08150	
高中二年级	2.42994**	0.89249**	0.01372	−0.09522

注：该题项有 33 个缺失值

** 表示 t 检验结果在 0.01 水平上表现为差异显著

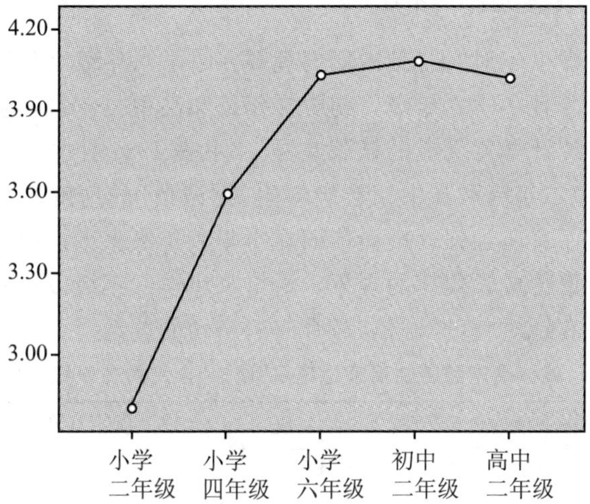

图 1　不同年级儿童、青少年对诚信内容把握的趋势图

从小学二年级到小学六年级，儿童对“诚信”内涵的理解呈现明显的不间断性增强态势，这一结果是由儿童、青少年日常生活经验不断丰富和学习能力日益提高所致，符合儿童、青少年社会化发展和道德成长的一般规律。

调查显示，随着年级的增长，选择经常能听到“诚信”这个词的学生有所增加：小学二年级经常能听到“诚信”的有 236 人，占总数的 7.87%；小学四年级经常能听到“诚信”的有 407 人，占总数的 13.58%；小学六年级经常能听到“诚信”的有 676 人，占总数的 22.56%；初中二年级经常能听到“诚信”的有 775 人，占总数的 25.86%；高中二年级经常能听到“诚信”的有 903 人，占总数的 30.13%。可见，“诚信”作为协调人们社会关系的一种基本道德规范，它会在儿童、青少年不断感知和体验“诚信”生活事件的过程中逐渐被认知，并加以明晰。

表 20　经常能听到“诚信”的各年级样本分布

样本所在年级	人数	所占比例
小学二年级	236 人	7.87%
小学四年级	407 人	13.58%
小学六年级	676 人	22.56%
初中二年级	775 人	25.86%
高中二年级	903 人	30.13%

注：该题项有 20 个缺失值

我国儿童、青少年对“诚信”内涵的理解在小学六年级之后即表现出日趋稳定的发展态势，并且小学六年级、初中二年级和高中二年级学生之间对“诚信”含义的理解没有统计学意义上的显著差异。(见表 19，图 1，表 21，表 22，表 23)换言之，初中二年级和高中二年级学生对“诚信”的理解并未随着他们道德思维能力的提高而有所加强，反而依旧在小学六年级水平上停滞不前。这个看似有违于青少年道德成长规律的现象，恰恰与小学六年级以后我国中等学校没有提供专门的、有针对性的“诚信”教育有着密切的关系。

表 21　能够清晰和特别清晰地理解“诚信”含义的各年级样本分布

样本所在年级	人数	所占比例
小学二年级	322 人	12.26%
小学四年级	485 人	18.47%
小学六年级	689 人	26.24%
初中二年级	638 人	24.29%
高中二年级	492 人	18.74%

注：该题项有 14 个缺失值

表 22　基本能够理解“诚信”含义的各年级样本分布

样本所在年级	人数	所占比例
小学二年级	542 人	11.61%
小学四年级	937 人	20.08%

续表

样本所在年级	人数	所占比例
小学六年级	1088 人	23.31%
初中二年级	1050 人	22.50%
高中二年级	1050 人	22.50%

注：该题项有 14 个缺失值

表 23　能够正确选择“诚信”含义各年级样本分布

样本所在年级	人数	占同年级比例	占总体的比例
小学二年级	478 人	44.88%	11.72%
小学四年级	850 人	71.25%	20.85%
小学六年级	952 人	80.68%	23.35%
初中二年级	918 人	79.97%	22.52%
高中二年级	879 人	76.04%	21.56%

注：该题项有 82 个缺失值

(二)中国不同年级儿童、青少年对“诚实”与“守信”哪个更重要的理解存在明显差异

在对“诚信”内涵的认识中，五个年级的儿童、青少年都有超过半数认为诚实和守信同样重要。值得关注的是，在诚实与守信重要性的认识上，小学二年级学生更重视诚实，高中二年级的学生则更加重视守信，小学六年级、小学四年级、初中二年级学生倾向于将诚实与守信视为同等重要。

在五个年级中，认为诚实和守信同等重要的学生比例均在其所在年级中最高：小学二年级占 53.11%，小学四年级占 79.39%，小学六年级占 85.49%，初中二年级占 75.11%，高中二年级占 59.11%(见表 24)。

表 24　不同年级学生在观念上对诚实和守信重视程度的差异比较

年级	重诚实		重守信		重诚信		说不清	
	频次	百分比	频次	百分比	频次	百分比	频次	百分比
小学二年级	235	22.86%	142	13.81%	546	53.11%	105	10.22%
小学四年级	84	7.09%	122	10.31%	940	79.39%	38	3.21%
小学六年级	33	2.82%	106	9.04%	1002	85.49%	31	2.65%

续表

年级	重诚实		重守信		重诚信		说不清	
	频次	百分比	频次	百分比	频次	百分比	频次	百分比
初中二年级	65	5.66%	187	16.27%	863	75.11%	34	2.96%
高中二年级	73	6.24%	371	31.74%	691	59.11%	34	2.91%

注：该题项有122个缺失值，表中的百分比指的是占所在年级的比例

值得注意的是，有235名小学二年级学生选择诚实更重要，而五个年级样本中选择诚实更重要的学生总共只有490人，小学二年级学生占47.96%(见表25)。有371名高中二年级学生选择守信更重要，而五个年级样本中选择守信更重要的学生总共有928人，高中二年级学生占39.98%(见表26)。

表25　认为诚实更重要样本的年级分布

样本所在年级	人数	所占比例
小学二年级	235人	47.96%
小学四年级	84人	17.14%
小学六年级	33人	6.73%
初中二年级	65人	13.27%
高中二年级	73人	14.90%

表26　认为守信更重要样本的年级分布

样本所在年级	人数	所占比例
小学二年级	142人	15.30%
小学四年级	122人	13.15%
小学六年级	106人	11.42%
初中二年级	187人	20.15%
高中二年级	371人	39.98%

诚实和守信作为“诚信”内涵的两个基本方面，却在处于不同年级的儿童、青少年心目中占据着不同的地位。前面的研究发现，小学低年级学生更重视诚实，而初、高中学生则更重视守信，其中高二年级学生认为守信更重要者占五个年级总数的39.98%。这一结果与2007年蒋奕雯等人对3～8年级学生“诚信”概念理解的调查研究有相似之处，该研究发现：“在对‘诚信’概念的理解方面，小学低年级学生侧重其诚实含义成分，小学高年级学生侧重守信

含义成分。”①王丹于 2009 年对大连市部分小学二年级学生进行问卷调查，也发现：“虽然有 40.625％的学生认为诚实与守信‘同样重要’，但是倾向于‘诚实(不说谎)更重要’的比率(28.125％)要高于倾向于‘守信(说话算数，不违约)更重要’的比率(15.625％)。”②这一结论与我们的研究结果又是不谋而合。

对于这一研究结果的深入分析，需要从诚实与守信两个基本道德纲目的本质内涵和内在关联入手。朱贻庭先生曾对“诚信”做过如下界定：“诚信即诚实守信，诚实更多的指在经济交往中真实无妄地提供相关信息，守信更多的指按照自己同意的契约承担责任。”③如果依照“诚信”行为发生的动态过程，我们也可以这样来解析“诚信”，它是指“行为主体能够真实地面对主客观事实，在做出道德判断的基础上，对其进行真实的语言表达并按此践行的一种调节个人与社会、个人与个人、个人与自身之间关系的行为规范。”④其中，“诚”即诚实，主要指行为主体能够客观如实地陈述主客观事实，通常表现为讲真话、不说谎、实事求是；“信”即守信，主要指行为主体能够在做出道德判断的基础上，对其道德判断进行真实的语言表达(承诺)并履行诺言，通常表现为讲信用、说到做到。

行为主体选择实事求是，还是选择欺骗，“并不取决于所传达的信息客观实际之真假，而取决于所传达的信息在传达者的主观动机中之真假”⑤。可见，诚实行为发生的关键在于行为主体能够对其主观判断进行真实的语言表达。在守信发生的一致性链条中，存在前后相继的两个必要环节，即判断→承诺和承诺→践行。如果主体所做出的承诺并不是其主观愿望的真实表述，那么守信发生的一致性链条的第一个环节就会扭曲，随后守信的行为必然会偏离诚实的轨迹。这样，诚实就构成了守信的必要前提。西方著名学者 T. E. Becker 在探讨诚信与诚实之间的关系时，也指出：“诚实是诚信的必要不充分条件，诚实要求个体不使用意识去扭曲现实……”⑥由此可见，小学低年级学生相对更重视

---

① 蒋奕雯、马川、李晓文：《“诚信”价值取向发展特征研究》，载《上海教育科研》，2007(11)。

② 王丹：《我国小学低年级学生诚信知行冲突的现状、原因及教育建议》，辽宁师范大学博士学位论文，2009。

③ 朱贻庭：《伦理学小辞典》，上海，上海辞书出版社，2004。

④ 傅维利、王丹：《小学低年级学生诚信知行冲突特征及教育建议》，载《教育科学》，2009(4)。

⑤ 王海明：《伦理学原理》，北京，北京大学出版社，2001。

⑥ Becker，T. E. *Integrity in Organizations：Beyond Honesty and Conscientiousness*. Academy of Management Review. 1998(23).

诚实，而初、高中学生相对更重视守信的调查结果符合事物发展的内在逻辑。

三、中国不同年级儿童、青少年对“诚信”价值的认识

我们独立研发的《儿童、青少年诚信观念调查问卷》通过 8 个条目，系统采集了当前我国不同年级的儿童、青少年对“诚信”价值认识的第一手数据。其中，条目 12、17、18、22 集中考查当前我国不同年级的儿童、青少年对“诚实”价值的认识，条目 27、30、36、37 则集中考查他们对“守信”价值的认识。研究发现，当前我国处于不同年级的儿童、青少年对“诚信”价值的认识呈现如下特征和趋势。

(一)中国儿童、青少年对“诚信”价值认识的拐点出现在小学四年级

研究发现，小学二年级和小学四年级之间的儿童对“诚信”价值的重视程度不断提高，五个年级中，小学四年级学生对“诚信”价值的重视程度最高，继小学四年级之后，儿童、青少年对“诚信”价值的重视程度日渐下降。这样看来，小学四年级成为我国儿童、青少年“诚信”价值认识的重要拐点。

我们做了不同年级儿童、青少年对“诚信”价值重视程度的单因素方差分析，结果发现小学四年级儿童对“诚信”价值的重视程度最高，与其他年级学生呈现显著差异。五个年级调查样本对诚信价值重视程度得分由高到低依次是：小学四年级、小学二年级、小学六年级、初中二年级、高中二年级。而且，除了小学二年级与小学六年级学生对“诚信”价值重视程度不存在显著差异之外，其余各年级学生之间对“诚信”价值的重视程度均存在显著差异。(见表 27、图 2)

表 27 不同年级儿童、青少年对“诚信”价值重视程度差异统计

年级	小学二年级	小学四年级	小学六年级	初中二年级
小学四年级	0.17900*			
小学六年级	−0.05412	−0.23312**		
初中二年级	−0.47835**	−0.65736**	−0.42423**	
高中二年级	−1.15771**	−1.33671**	−1.10359**	−0.67935**

注：该题项有 134 个缺失值

** 表示 t 检验结果在 0.01 水平上表现为差异显著，* 表示 t 检验结果在 0.05 水平上表现为差异显著

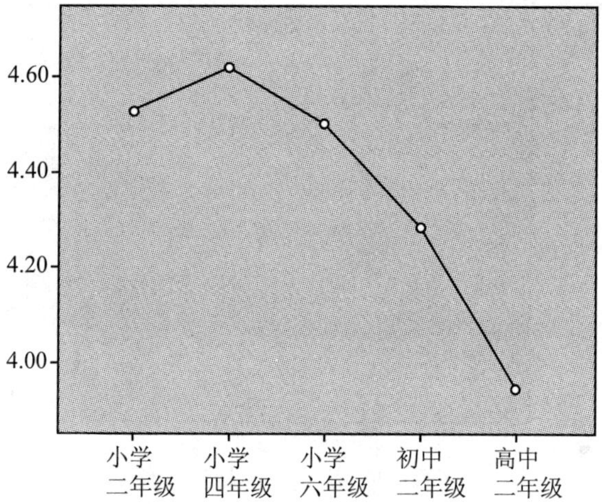

图 2　不同年级儿童、青少年对“诚信”价值重视程度趋势图

为了更进一步研究当前我国不同年龄段儿童、青少年对“诚信”价值的重视状况，我们又分别做了不同年级学生对“诚实”价值重视程度的单因素方差分析(见表 28、图 3)和不同年级学生对“守信”价值重视程度的单因素方差分析(见表 29、图 4)。

不同年级学生对“诚实”价值重视程度的单因素方差分析结果显示，小学四年级儿童对“诚实”价值的重视程度最高，与小学六年级、初中二年级、高中二年级学生呈现显著差异，与小学二年级学生不存在显著差异。五个年级诚实价值重视程度得分由高到低依次是：小学四年级、小学二年级、小学六年级、初中二年级、高中二年级。由此可见，小学四年级和小学二年级的学生最看重“诚实”的价值。

表 28　不同年级儿童、青少年对“诚实”价值重视程度差异统计

年级	小学二年级	小学四年级	小学六年级	初中二年级
小学四年级	0.09082			
小学六年级	−0.02066	−0.11148*		
初中二年级	−0.26695**	−0.35776**	−0.24628**	
高中二年级	−0.61471**	−0.70552**	−0.59404**	−0.34776**

注：该题项有 45 个缺失值

** 表示 t 检验结果在 0.01 水平上表现为差异显著，* 表示 t 检验结果在 0.05 水平上表现为差异显著

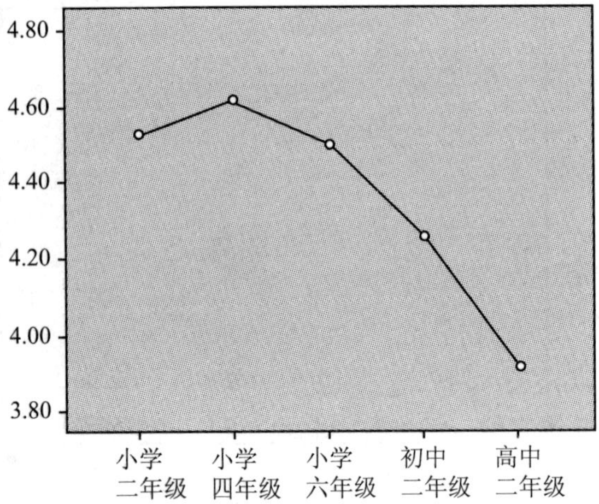

图 3　不同年级儿童、青少年对“诚实”价值的重视程度趋势图

不同年级学生对“守信”价值重视程度的单因素方差分析结果显示，小学四年级儿童对“守信”价值的重视程度最高，与小学六年级、初中二年级、高中二年级学生呈现显著差异，与小学二年级学生同样不存在显著差异。五个年级“守信”价值重视程度由高到低依次是：小学四年级、小学二年级、小学六年级、初中二年级、高中二年级。由此可见，小学四年级和小学二年级的学生同样也是最看重“守信”的价值。

表 29　不同年级儿童、青少年对“守信”价值重视程度差异统计

年级	小学二年级	小学四年级	小学六年级	初中二年级
小学四年级	0.09007			
小学六年级	−0.02654	−0.11661**		
初中二年级	−0.20671**	−0.29679**	−0.18018**	
高中二年级	−0.54991**	−0.63998**	−0.52337**	−0.34320**

注：该题项有 103 个缺失值

** 表示 t 检验结果在 0.01 水平上表现为差异显著，* 表示 t 检验结果在 0.05 水平上表现为差异显著

图 2、图 3 和图 4 分别呈现不同年级儿童、青少年对“诚信”价值、对“诚实”价值和对“守信”价值重视程度的基本走势，这 3 幅图的高峰点、拐点和趋势呈现出一致性特征。

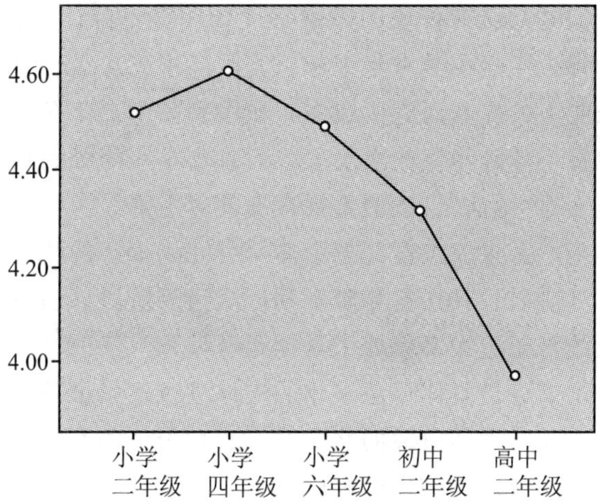

图 4　不同年级儿童、青少年对“守信”价值的重视程度趋势图

我们进而将不同年级儿童、青少年对“诚信”内涵的理解和对“诚信”价值的重视状况的相互关系进行了对比分析(见图 5)，发现我国儿童从小学二年级到小学四年级对“诚信”内涵的理解不断加深，相应地他们对“诚信”价值的重视程度也日益加强。从小学四年级到小学六年级，尽管他们对“诚信”内涵的理解明

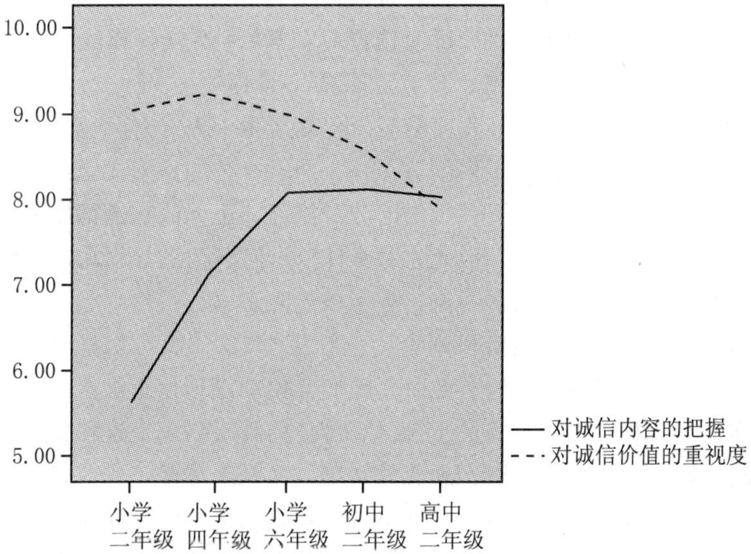

图 5　不同年级儿童、青少年对“诚信”内容把握和对“诚信”价值重视程度关系图

显提高，但是他们对“诚信”价值的重视程度却明显下降。特别值得关注的是，当前我国儿童、青少年自小学六年级起，直到高中二年级，对“诚信”内涵的理解并未随着思维能力的提高而有所增强，初中和高中二年级学生对“诚信”内涵的认识仍旧停留在小学六年级的水平上，而且小学六年级到高中二年级这四年间，我国中小学生对“诚信”价值的重视程度陡然下降。

瑞士著名心理学家皮亚杰曾经把个体从婴儿到少年的认知发展区分为感知运动阶段、前运算阶段、具体运算阶段和形式运算阶段。当下，我国小学二年级到小学四年级的孩子绝大多数处于具体运算阶段(7～11岁)，他们普遍缺乏抽象思维能力，主要凭借具体形象事物的支撑进行逻辑推理。受认知发展水平的局限，处在这一年龄发展阶段的儿童对“诚信”价值的判断往往主要源于成人社会的教导和训育。从调查结果中可以看出，当前我国小学二到四年级学生对“诚信”价值的重视程度呈现明显升高态势，一方面说明这一年龄阶段的儿童对“诚信”价值的认识具有强大的可塑性，另一方面表明当前我国学校教育在促成小学低年级学生认同“诚信”价值方面起到了不容忽视的重要作用。

需要说明的是，小学二年级到小学四年级的孩子对“诚信”价值持绝对信奉的态度，尚未达到原则性认知。王东曾于2008年在辽宁省鞍山市随机选取小学生、初中生、高中生进行小型调查研究，发现小学四年级学生在解释为什么会在道德冲突情境下做出“诚信”行为选择时，“缺乏展开解释的能力，往往逻辑混乱、前后矛盾、表述不清、没有原则的一致性”①。可见，虽然小学四年级学生对“诚信”重要性的认同程度最高，但是儿童个人“诚信”观的原则性和结构化却远未形成。这种认同更多停留在外在的、简单的、形式化意义上的价值接受，道德行为主体缺乏“诚信”行为的分辨能力，也无法在道德冲突情境下进行诚信行为选择的逻辑推理，因此它对个体“诚信”行为的导引功能有限，而且容易在外部环境的影响下摆摇不定，甚至被遗弃。

根据皮亚杰的认知发展阶段理论，一般从11岁开始，儿童、青少年的思维发展逐渐步入形式运算阶段。此时，他们开始动用理性思维，以其亲历的各种交往实践为素材，形成自身关于“诚信”价值的朴素认识。这种朴素认识既是个体构建原则性和结构化“诚信”观念的基础，又是个体修正先前习得的“诚信”价值间接经验的标准。那些没有得到个人经验确认的“诚信”观念纵然会作为一种知识性内容存储在头脑中，必要时可随时提取并表述出来，但它绝不是行为

① 王东：《论诚信观的培养》，辽宁师范大学博士学位论文，2008。

主体所信奉的“诚信”行为准则，因此其对个体“诚信”行为的选择并不起引导作用。当个体在各种形式的社会交往活动中长期积累大量不良的“诚信”体验时，他们有可能对“诚信”的价值持有怀疑和否定态度，背弃先前在学校教育中获得的社会主流文化中的“诚信”观念。

调查发现，儿童、青少年进入小学六年级之后，对“诚信”价值的认同度日趋下降。我们认为，这与他们亲身经历和体验的当下中国社会不尽如人意的“诚信”大环境不无关系。① 我们可以想象，当他们面对信用体系和失信惩罚机制尚未完善，个人诚信、企业诚信、政府诚信缺失较为严重的现实社会时，要认同学校教育中提倡的“诚信”价值选择，内化“诚信”行为准则，的确并非易事。这一调查结果再次说明，抽象逻辑思维能力日渐提高的青少年学生对“诚信”价值的深层次理解，并不是通过学校教育中简单说教来实现的，他们“诚信”观念中那些关涉行为准则和价值取向的重要方面，更多地来源于他们自身的实践经验。要从根本上促使他们形成对“诚信”的规则性认识，并将之内化为自己的结构化观念，还有赖于整个社会“诚信”水平的总体提高。改善社会诚信状况，最根本的是要从道德基础和制度保障两方面着手。具体而言，首先应当构建以“诚信”为核心的、与社会主义市场经济体制相适应的道德规范，使“诚信”观念深入人心，进而使之成为社会公民普遍认同的行为准则；其次要加大力度建立规范的社会信用体系。“在制度上保证诚信者能够得到应有的回报，

---

① 马超等人对当今中国社会诚信缺失现象做了如下描述：在个人诚信方面，“虽然国家极力提倡个人诚信立法，并着力把诚信的考量纳入到人才选拔等与个人利益密切相关的实践中，而且部分商业银行也把个人信用纳入银行信用数据库体系中，但是并未在全国范围内建立一个完整的制度来安排规范个人的诚信行为。社会上存在坑蒙拐骗等违法违纪行为，造成个人经济损失，并进一步影响了经济秩序和社会秩序，人们彼此信任度降低，人际关系淡漠。在拜金主义、极端个人主义侵蚀下，人们对利益的疯狂驱逐，冲击了传统诚信文化。同时，大学生诚信缺失已经成为个人诚信缺失现象中最典型的代表，据教育部统计资料，截至 2007 年 7 月，国家累计审查全国高校全日制在校本科生 206 万人次，发放贷款约 127.7 亿人民币，受各种因素影响，欠贷率高达 28.4%。同时还存在着大量的学术造假、考试作弊、就业毁约现象”。在企业诚信方面，“很多企业在巨大利益以及较少机会成本的双重驱动下，不断寻找经济、法律、政策的空隙，这种短视行为必然对我国的市场经济发展造成恶劣的影响。近年来苏丹红、欣弗、三鹿奶粉案件以及其引起的整个食品行业质量危机，都引起了人们的恐慌。其实目前我国企业的失信事件远不止这些，农民工工资拖欠、假冒伪劣商品屡禁不止、虚假广告泛滥、上市公司财务造假、偷税漏税、骗税骗汇等不胜枚举。据相关统计，中国企业由于不诚信造成的中国经济损失每年占 GDP2～3 个百分点”。在政府诚信方面，“由于信息垄断和权力垄断，政府政策朝令夕改、暗箱操作、行政执法越权、侵害公民、企业权益行为确有发生。”参见：马超、申田、严汉平：《我国社会诚信缺失的根源及治理对策》，载《开发研究》，2010(2)。

失信者必须承担其行为造成的成本。"[①]使那些违背社会信用制度的行为不仅要受到舆论的谴责，更要付出严重的经济代价。

(二)中国不同年级的儿童、青少年对"诚信"个人价值有着不同的理解

随着年龄的增长，我国儿童、青少年对"诚信"个人价值的关注点逐渐由自身成长的外在环境转向个人良心的内在诉求。研究发现，我国五成以上的小学二年级和小学四年级学生认为"诚信"对个人的最大价值表现在"它能给自己创建一个好的学习和生活环境"，而超过五成的小学六年级、初中二年级和高中二年级学生则认为"诚信"对个人的最大价值主要表现在"它能令人感觉做人坦荡，不会受到良心的谴责"(见表 30、表 31)。随着年龄的增长，我国儿童、青少年对"诚信"个人价值的认识由对自身成长外在环境的关注转向个人良心的内在诉求，他们的"诚信"道德成长呈现出由他律走向自律的发展迹象。

"良心就是自己对于自己行为的德性或堕落所抱的一种意见或判断。"[②]"良心是每个人自身内部的道德评价，是自己对自己行为的道德评价，它包含自己对自己行为的道德价值的认识、认知、判断、态度、感情、体验、意向、意志、动机等一切心理反应活动。这种心理活动如果是对自己行为所具有的正道德价值的肯定性评价，便叫做良心满足；如果是对自己行为所具有的负道德价值的否定性评价，便叫做良心谴责。"[③]能否运用良心来规约自身的"诚信"行为，是人们是否达到"诚信"自律的关键标志。从表 30 和表 31 可以计算出从小学六年级开始直至高中二年级，选择"诚实"和"守信"对个人的最大价值主要表现在"它能令人感觉做人坦荡，不会受到良心的谴责"学生的比率都随着年级的升高而提高，这说明我国儿童、青少年"诚信"的自律水平在随着年龄的增长而加强。儿童、青少年的"诚信"自律不是天然形成的，起初是由某种外部的力量，即父母、教师权威来行使的。教育者制订规则对儿童的"诚信"行为给予肯定或奖励，对"非诚信"行为给予批评或惩罚。由于自我意识尚未完善的孩子最为关注的便是这些外在权威的赏罚，所以他们逐渐学会以这些外部权威为尺度，从这些外在权威的立场出发，来评价自己的"诚信"行为。久而久之，这些

---

① 吴申元、徐建华：《诚信：现代市场经济有效运行的道德基础》，载《复旦学报》(社会科学版)，2001(5)。

② [英]洛克：《人类理解论》，北京，商务印书馆，1954。

③ 王海明：《论良心》，载《齐鲁学刊》，2002(4)。

外在权威便成了他们自己内心世界的一部分，成为评判、稽查自身“诚信”行为的内在标准，从而实现外在“诚信”规范的内化，即实现了“诚信”道德成长由他律向自律的转化。

表 30 你认为诚实对个人的最大价值主要表现在哪里

年级	能给自己创建一个好的学习和生活环境	有助于自己更好的发展	感觉做人坦荡，不会受到良心的谴责	其他	每一年级选择四个选项频次
小学二年级	547 人	289 人	67 人	146 人	1049
小学四年级	516 人	202 人	356 人	112 人	1186
小学六年级	357 人	114 人	613 人	91 人	1175
初中二年级	320 人	137 人	630 人	61 人	1148
高中二年级	264 人	174 人	687 人	45 人	1170
不同年级选择同一选项频次	2004	916	2353	455	5728

注：该题项有 96 个缺失值

表 31 你更看重守信对个人价值的哪一方面

年级	能给自己创建一个好的学习和生活环境	有助于自己更好的发展	感觉做人坦荡，不会受到良心的谴责	其他	每一年级选择四个选项频次
小学二年级	565 人	269 人	68 人	137 人	1039
小学四年级	521 人	224 人	339 人	101 人	1185
小学六年级	362 人	183 人	529 人	90 人	1164
初中二年级	340 人	199 人	525 人	72 人	1136
高中二年级	273 人	265 人	565 人	49 人	1152
不同年级选择同一选项频次	2061	1140	2026	449	5676

注：该题项有 148 个缺失值

（三）中国不同年级的儿童、青少年普遍不看重“诚信”的个人价值

“诚信”对个人发展的直接价值没有得到我国儿童、青少年的足够重视，与“守信”相比，“诚实”对个人发展的直接价值更不被看好。从表 30 中可知，只

有约一成的小学六年级、初中二年级和高中二年级学生认为“诚实”对个人的最大价值主要表现在“它有助于自己更好的发展”。相对而言，五个年级中，居然是小学二年级学生最认同“诚实”对个人发展的直接价值，他们中有 27.55％选择诚实对个人的最大价值主要表现在“它有助于自己更好的发展”。

在中国传统文化中，“诚信”常常作为一种纯粹的美德或加以提倡，或加以称颂，它从不关乎个人的功利价值。《论语·卫灵公》中言：“君子义以为质，礼以行之，孙以出之，信以成之，君子哉。”《论语·泰伯》中又讲到：“君子所贵乎道者三，动容貌，斯远暴慢矣。正颜色，斯近信矣，出辞气，斯远鄙倍矣。”《左传·襄公二十一年》中言：“信由己壹，而后功可念也。”《荀子·不苟》中也说道：“言无常信，行无常贞，惟利所在，无所不倾，若是则可谓小人矣。”君子要成就诚信之美德，主要通过个人修身养性，即“自律”的方式来实现。“在漫长的中国文化传统里面，诚信在实践应用中与其说是道德行为规范，不如说是理念，它停留在高度浓缩的义理要求上。”①正如荀子所言：“君子养心莫善于诚”，(《荀子·不苟》)这样，诚信在中国文化环境中长期缺乏操作层面的可为与不可为的制度规定，所以直至市场经济迫切需要完善社会信用体系的今天，在中国人眼中，他们自身行为的诚信与否对其自身发展的影响并不直接，且两者之间也不呈现明显的因果性关联。我国儿童、青少年普遍忽视“诚信”对个人发展的直接价值，正是中国传统文化中“诚信”只作为美德要求君子自律，而没有作为基本的道德规范去限定人们道德行为底线的“诚信”实践特征的如实反映。

在西方，“诚信”从美德降位为基本的道德素质，是人们道德行为最根本的要求。践行“诚信”不再是君子的行为准则，而是普通公民的行为底线。我国学者孟勤国对中美诚信文化做比较时，也得出类似的结论：“中国的诚信出于礼教，美国的诚信出于功利；中国的诚信重在感化，美国的诚信重于规制；中国的诚信决于精英，美国的诚信决于百姓。”②在西方，人们要为其违背诚信原则的社会行为承担责任，甚至付出远远高于诚信成本的物质和信誉代价。反过来，一贯的诚信行为能够给诚信实践者本人带来更大的利益。进入 20 世纪之后，西方很多国家的学者开始尝试探索人的诚信品质的内在结构，开发出评价个体诚信特质的测量工具(如 The Reid Report，The Personnel Selection In-

① 陈丽君、王重鸣：《中西方关于诚信的诠释及应用的异同与启示》，载《哲学研究》，2002(8)。

② 孟勤国：《中美诚信之比较》，载《法学评论》，2004(1)。

ventory 和 The Stanton Survey 等)用以选拔具有良好诚信品德的员工，以避免组织可能遭受的损失。大量西方企业总结出这样的诚信管理经验，"严格定义组织内的诚信概念和准则，按照诚信准则制定雇员的行为规范，实施涉及人员日常行为的动态诚信管理。在操作上，诚信管理的核心是将诚信理念转化为可操作的行为规则，管理者通过明确告知员工什么是可做的，什么是不可做的，以对此实行考察和奖惩来达到管理的目的。实施诚信管理的一般程序包括：一是依据企业的诚信准则，以员工的日常工作活动为基础，开发出对员工的诚信行为期望，并制订成书面的各层次员工行为操行手册；二是实施员工培训，让员工充分知晓在可能有利益冲突的工作情境中，企业对其诚信行为的期望要求；三是实施诚信行为稽查，对员工日常表现进行考核监督和奖惩，建立配合诚信行为考核的合适薪酬系统"①。我们从上述西方发达国家诚信管理实践中足以窥见人们社会行为的诚信实践直接影响，甚至在某种程度上，决定他们的发展。

(四)不同年级的儿童、青少年对"诚信"团体价值有着不同的认识

小学二年级儿童认为"诚信"对团体的最大价值主要表现在它能帮助团体创建一个好的内部运行环境；小学四年级和小学六年级儿童认为"诚信"对团体的最大价值主要表现在它有助于社会各个方面对该团体的认可；而初中和高中二年级的青少年学生对"诚信"团体价值的认识更加全面，开始意识到"诚信"有助于团体中各个成员更好的发展。

无论是小学二年级学生看重诚信"能帮助团体创建一个好的内部运行环境"，还是小学四年级和小学六年级学生关注诚信"有助于社会各个方面对于该团体的认可"，都体现了当前我国儿童所持的社会本位的诚信道德价值取向。这种社会本位的诚信道德价值取向正是长期以来我国学校德育中高扬"集体精神"，贬低"个体意识"的具体表现。

表 32　你更看重诚实对团体价值的哪一方面

年级	能帮助团体创建一个好的内部运行环境	有助于团体中各个成员更好的发展	有助于社会各个方面对于该团体的认可	其他	每一年级选择四个选项频次
小学二年级	395 人	232 人	290 人	149 人	1066

① 陈丽君、王重鸣：《中西方关于诚信的诠释及应用的异同与启示》，载《哲学研究》，2002(8)。

续表

年级	能帮助团体创建一个好的内部运行环境	有助于团体中各个成员更好的发展	有助于社会各个方面对于该团体的认可	其他	每一年级选择四个选项频次
小学四年级	287 人	302 人	480 人	119 人	1188
小学六年级	291 人	310 人	426 人	151 人	1178
初中二年级	386 人	317 人	342 人	111 人	1156
高中二年级	378 人	367 人	359 人	73 人	1177
不同年级选择同一选项频次	1737	1528	1897	603	5765

注：该题项有 59 个缺失值

表 33　你认为守信对团体的最大价值主要表现在哪里

年级	能帮助团体创建一个好的内部运行环境	有助于团体中各个成员更好的发展	有助于社会各个方面对于该团体的认可	其他	每一年级选择四个选项频次
小学二年级	451 人	256 人	226 人	112 人	1045
小学四年级	313 人	312 人	443 人	112 人	1180
小学六年级	316 人	277 人	436 人	134 人	1163
初中二年级	376 人	304 人	350 人	110 人	1140
高中二年级	361 人	373 人	349 人	75 人	1158
不同年级选择同一选项频次	1817	1522	1804	543	5686

注：该题项有 138 个缺失值

社会本位思潮的前提假设是“人是社会性的动物，只有通过社会生活，才能获得我们所谓的人性”，“在个人与社会复杂的相互作用中，后者通常是起支配作用的因素”，“人的天性和本能通常只不过是人类社会的一种文化产品而已”①。法国教育社会学家涂尔干旗帜鲜明地提出：“道德的目的即是社会的目的。合乎道德地行动就是为着集体的利益去行动……道德的出发点正是社会的

① ［美］伊恩·罗伯逊：《社会学》，北京，商务印书馆，1990。

出发点”“没有社会，道德就没有目的。”①

我国学者吴康宁先生在对中国大陆小学“品德”教学大纲与台湾地区小学“道德”课程标准进行比较研究中发现，大陆小学“品德”教学大纲秉持着明显的社会本位取向。“在大陆学校教育的意识形态语境中，使用得更多的并不是‘群体’的概念，而是‘集体’概念，诸如‘集体利益’‘集体意识’‘集体观念’‘集体精神’等，‘集体’已被视为与社会控制有关的一个十分重要的‘话语域’，因而在大陆品德教学大纲中，体现着‘个体对群体的道德’方面之教育要求的‘热爱集体的教育’也就被专列为小学品德教学的一个基本范畴，并在整个小学品德课的教学内容中处于重要位置。”“在这个基本范畴中，我们所看到的是一个‘至尊至上’的集体，无法觅到作为‘人格主体’的个体在其中的位置。”②这样便产生一个严峻的课题：为了团体的诚信而无条件地服从、并随时准备做出牺牲的学生个体，如果无法从团体的诚信中寻找到个人的追求、坚持与价值，怎么可能去发自内心地、自觉地捍卫和坚守团体的诚信？

四、中国不同年级儿童、青少年诚信行为评定标准的发展特征

人们在评价诚信事件时，需要使用一套事先在内心形成的标准体系。这套标准处于人的诚信观的核心地位，为进一步深入考察和评价一个人的诚信观发展水平提供了具有操作意义的重要前提。大量研究发现，人们在评判一个人或者一件事是否具有诚信特征时，在面对不同的人或事时所使用的标准是不一样的。为了尽量全面、真实地考查我国儿童、青少年面对不同诚信情境和对象时内心所持有的诚信行为评定标准，我们尝试编制包含两个基本范畴和四个基本维度的“儿童、青少年诚信行为评定标准子问卷”进行系统调查。

在对诚信事件的现场研究中，我们发现绝大多数人在评价诚信事件时，实际上内心持有两套标准体系，一套用于评价自身的诚信行为，另一套则用于评价他人的诚信行为。绝大多数人内心形成的这两套标准体系可能存在差异(可能在少数人那里，这两套标准是弥合或部分弥合的)。一般人很可能对自己的

---

① Durkheim，E.，*Moral Education*：*A. Study in the Theory of Sociology of Education*. New York：Free Press，1961.

② 吴康宁：《中国大陆小学“品德”教学大纲的社会学研究——兼与台湾小学“道德”课程标准相比较》，载《南京师大学报》(社会科学版)，2001(3)。

诚信行为所设定的内在评定标准相对较低，而对他人的诚信行为所设定的标准偏高。故此，我们设计了研究儿童、青少年诚信行为评定标准的“对己”和“对他”两个范畴，并初步认定道义判断可能是基于“对他”的范畴，责任判断可能是基于“对己”的范畴。

我们根据如下三个原则进行问卷的维度设计：一是尽最大可能涵盖儿童、青少年在现实生活中遇到的多种诚信事件；二是可以较好地展现不同年龄阶段儿童、青少年内在诚信标准的不同特点；三是能充分地表现出儿童、青少年诚信评定标准从低向高的连续性发展特征。基于以上的考虑，我们决定将诚信利益预期维度、诚信频率维度、诚信情境约束维度、诚信对象维度作为子问卷条目的编制基础。

诚信利益预期维度考查的是儿童、青少年面对利益事件时，所持的诚信标准。该维度下的条目关涉利益获得与利益丧失两方面。在利益获得方面，条目选项的设置从面对获得低利益事物到面对获得高利益事物过渡。如果被试只对低利益关涉事件坚持较高的诚信标准，而对高利益关涉事件却给予较低的诚信标准，那么他在这一维度上处于较低水平；如果被试对高利益关涉事件也坚持较高的诚信标准，那么他在这一维度上处于较高水平。在利益丧失方面，条目选项设置的顺序由面对利益丧失小的事物向面对利益丧失大的事物过渡。如果被试不仅在利益丧失小的情况下坚持诚信，而且在利益丧失大的情况下也坚守诚信标准，那么可以认定他在这一维度上处于较高的发展水平。问卷中诚信利益预期维度的题项包括条目 10、13、16、25、31、32、39。

诚信频率维度考查的是儿童、青少年依据什么样的诚信行为发生频度来评定自己和他人是否具备诚信品质。该维度下，条目选择的设置以偶然发生到持续发生为主导方向。如果被试把自己或他人偶然表现出的诚信行为作为判定自己或他人已具备诚信品质的依据，则表明该被试在这一维度上处于较低水平；如果被试只把自己或他人一贯(或频繁)出现的诚信行为作为评判自己或他人已具备诚信品质的根据，那么该被试在这一维度上处于较高水平。问卷中诚信频率维度的题项包括条目 14、20、28、34。

诚信情境约束维度考查的是儿童、青少年在不同强度的约束情境下，所持的诚信标准。该维度下，条目选项的设置从情境约束严格到情境约束宽松的顺序过渡。对待同一诚信事件，如果被试只在情境约束力高时讲诚信，而在情境约束力低时就放弃诚信，表明他在这一维度上处于较低水平；如果被试在情境约束力极低的条件下仍然坚持诚信，那么他在此维度上处于较高发展水平。问卷中诚信情境约束维度的题项包括条目 9、15、23、24、33、38、40。

诚信对象维度考查的是儿童、青少年对不同亲疏关系的人所持的诚信标准。该维度下条目选项的设置以熟悉到陌生为过渡顺序，其脉络大致是：血缘系列→朋友系列→小团体系列(如老师、同学、同事、同乡)→大团体系列(如同民族、同国籍)。如果被试只对与自己关系亲密的人诚信，对与自己关系疏远的人及陌生人不诚信，那么说明他在这一维度上发展水平较低；如果被试不仅对熟人而且对陌生人也使用了较高的诚信评价标准，那么他在这一维度上处于较高水平。问卷中诚信对象维度的题项包括条目 4、8、19、21、26、29、35、41。

(一)中国不同年级儿童、青少年诚信行为总体评定标准

小学二年级到小学四年级学生的诚信行为评定标准不断攀升，小学四年级达到顶峰，之后随着年级的提高，儿童、青少年诚信行为评定标准反而逐年下降，高中二年级学生呈现出五个年级的最低水平。

表 34 不同年级儿童、青少年诚信行为评定标准差异统计

年级	小学二年级	小学四年级	小学六年级	初中二年级
小学四年级	2.02688**			
小学六年级	1.24103**	−0.78585*		
初中二年级	−1.56891**	−3.59578**	−2.80993**	
高中二年级	−3.63115**	−5.65803**	−4.87218**	−2.06224**

注：该题项有 617 个缺失值

** 表示 t 检验结果在 0.01 水平上表现为差异显著，* 表示 t 检验结果在 0.05 水平上表现为差异显著

我们首先考查了儿童、青少年诚信行为的总体评定标准，如图 6 所示，高峰点出现在小学四年级，只有小学二年级到小学四年级学生诚信行为的总体评定标准呈现上升趋势，小学四年级之后，儿童、青少年诚信行为的总体评定标准日趋下降，至高中二年级降到五个年级的最低点。

对于我国儿童、青少年诚信行为总体评定标准的这一年级发展趋势的分析，恐怕还要从谎言及违约行为的性质入手。日常生活中，人们对于谎言及违约行为性质的评判受到具体交往情境的影响，在亲社会情境下，人们会把做好事说谎认定为“谦虚”，而把为避免尴尬或者伤害他人的情感而说谎或违约看成是“善意的谎言”(心理学研究也称之为白谎)。相关研究发现，随着年龄的增

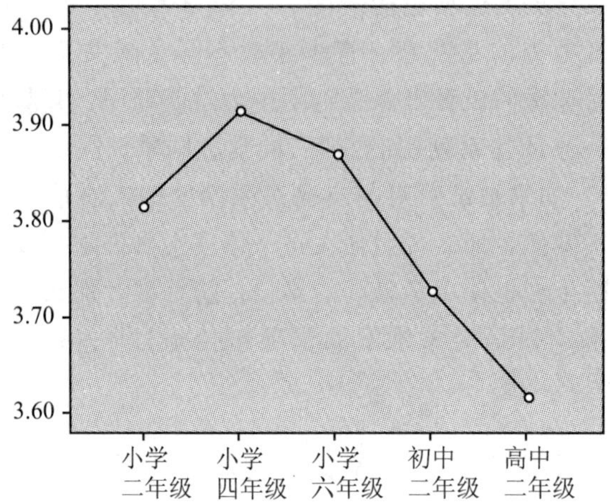

图 6　不同年级儿童、青少年诚信评定标准发展趋势图

长，儿童、青少年到了 11 岁之后，也逐步形成了从谎言及违约行为的性质出发评判自己或他人道德行为的能力，具体表现为“随着年龄的增长，儿童对于具有积极意义的说谎行为的评价由消极变为中性或积极。”①而值得关注的是，我们研究中诚信行为总体评定标准开始下滑的小学六年级学生的年龄正值 11 岁左右。可见，小学六年级之后，儿童、青少年愈加理解诚信行为的复杂性，越来越多地考虑到主体的意图、动机以及行为发生的情境因素，对于自己/他人是否诚实或守信也不再固守从前一般的、共性的、普遍的、统一的标准。这样一来，他们对于诚信行为的评定标准就呈现出一种明显的下降趋势。

Strichartz A. F 等人研究发现，处于中、低年级的小学生对于说谎或违约行为的道德评价更多地以言语表述是否违背事实，或者行为是否履行承诺为依据，就此研究者们创建了“原型理论”②。“原型理论”提出中、低年级小学儿童通常会紧紧围绕三种认知成分来进行诚信行为评价：一是所述的事实，即言语表述与事实是否相违背；二是信念，即说话者是否知道此言语表述与事实不符，以及行为者是否知道此行为与事先的承诺不符；三是有意性，即说话者是否有意欺骗听者，以及行为者是否故意违背诺言。由于大脑信息载荷和认知发

① 张兢兢、马凤玲、徐芬：《不同情景下小学儿童对说谎与说真话的道德评价》，载《心理发展与教育》，2007(2)。

② Strichartz A. F，Burton R. V.，*Lies and truth：a study of the development of the concept*. Child Development，1990(1).

展水平的限制，小学低年级学生对于“事实”“信念”“有意性”的判断尚且困难，随着脑容量的增大和认知能力的发展，小学四年级学生日渐胜任对于诚信的三种认知成分的加工、理解和判别，故而呈现出自小学二年级到小学四年级，我国儿童诚信评定标准明显攀升的调查结果。

(二)不同年级儿童、青少年“对己”与“对他”诚实和守信的评定标准

我国儿童、青少年内心存在“对己”和“对他”两套诚信行为评定标准：从小学二年级到高中二年级，五个年级的学生“对己”诚实的评定标准普遍高于“对他”诚实的评定标准，而“对他”守信的评定标准又均高于“对己”守信的评定标准。

大量研究发现，人们在处理道德事件时，通常会不自觉地使用“对己”和“对他”两种范畴中的道德标准来进行道德评价、道德反馈和道德行为约束。例如，有的人经常说谎，在他说谎时并不伴随任何消极的情绪体验，但是一旦此人发现别人对他说谎时便会勃然大怒。这说明该人对自己诚实的评定标准与对他人诚实的评定标准之间显然存在着差别，并且前者明显低于后者。人们内心形成的“对己”与“对他”道德标准之间有三种关系可能：其一，“对他”的评定标准高于“对己”的标准；其二，“对他”的评定标准与“对己”的标准一致；其三，“对己”的评定标准高于“对他”的标准。“对己”与“对他”两种范畴的道德标准及其可能表现出的三种关系形态同样适用于人们对诚信行为的评定当中。

我们认为，绝大多数人对自己诚信行为所设定的评定标准低于对他人的诚信行为所设定的评定标准。英国古典经济学奠基人亚当·斯密在他的巨著《国富论》和《道德情操论》中为我们的命题提供了关键的逻辑大前提，即“利己”是人的本性。正如《国富论》开篇所言：“我们每天所需的食料和饮料，不是出自屠户、酿酒家和烙面师的恩惠，而是出于他们自利的打算。我们不说唤起他们利他心的话，而说唤起他们利己心的话。我们不说自己有需要，而说对他们有利。”①又如《道德情操论》中所说：“每个人首先和主要关心的是他自己，无论在哪一方面，每个人当然比他人更适宜和更能关心自己”②“对于人性中的那些自私而又原始的激情来说，我们自己的毫厘之得失会显得比另一个和我们没有特殊关系的人的最高利益重要得多，会激起某种更为激昂的高兴或悲伤，引出

① [英]亚当·斯密：《国富论》，郭大力、王亚南译，上海，上海三联书店，2009。

② [英]亚当·斯密：《道德情操论》，蒋自强、钦北愚等译，北京，商务印书馆，1997。

某种更为强烈的渴望和嫌恶。"①这种利己心在影响人们构建道德行为评定标准方面的突出表现就在于：它促使人们不自觉地依照道义标准去要求他人的道德行为，却倾向于在权衡各种利益得失与责任后果之后总是寻求各种借口和理由降低对自身行为的道德要求。中国古代历史上一位家喻户晓的人物——曹操"宁负尽天下人，不要天下人负我"的掌故就将"对己"与"对他"道德评定标准中的第一种关系，即"对他"的评定标准高于"对己"的标准，演绎到了极致。

然而，人们内心形成的"对己"与"对他"道德标准也绝对不止于第一种关系形态。《论语·子路》中有段话："其身正，不令而行；其身不正，虽令不从。"讲的是齐国相国晏婴历仕三朝，以身作则，德高望重的故事。晏婴对自己要求甚严，倡行廉洁，吃糙米饭，穿粗布衣，坐简易车，住低矮民房。今天看来，晏婴对自己的严格要求并非为了寻求以苦为乐的精神境界，而是通过以其身体力行地示范廉洁自律的方式，更加强有力地要求下属官兵能够效仿他按照同一标准践行同一道德规范。正如《增广贤文》所说："以责人之心责己，以恕己之心恕人"。就此，晏婴以身作则的典故为我们诠释了"对他"的道德评定标准与"对己"标准相一致的第二种关系形态。

大量中外名著古籍中所颂扬和追求的美好道德理想，往往蕴含着对第二种关系形态的超越——那些道德楷模表现出的高尚行为就在于他们设定"对己"的道德行为评定标准远远高于"对他"的标准，从而演绎出"严于律己，宽以待人"的"圣人"境界。我国宋代学人陈亮在《谢曾察院启》中道出了："严于律己，出而见之事功；心乎爱民，动必关夫治道。"《菜根谭》中也讲到："人之过误宜恕，而在己则不可恕；己之困辱宜忍，而在人则不可忍。""责人者，原无过于有过之中，则情平；责己者，求有过于无过之内，则德进。"西方的《圣经》也在诠注"严于律己，宽以待人"的道理。神的儿子耶稣一身圣洁，为了救赎世人的罪愆甘愿流血献身。耶稣被钉十字架，忍受无尽痛苦之时，仍然请求上帝包容那出卖他、折磨他的众罪人，"父啊！赦免他们！因为他们所作的，他们不晓得。"《马太福音》第十八章中还记载了一段传世至今的"宽以待人"的故事："那时彼得进前来，对耶稣说，主啊，我弟兄得罪我，我当饶恕他几次呢？到七次可以吗？耶稣说，我对你说，不是到七次，乃是到七十个七次。"

值得说明的是，人们面对不同的道德纲目，在各种具体的道德情境和道德

---

① ［英］亚当·斯密：《道德情操论》，蒋自强、钦北愚等译，北京，商务印书馆，1997。

角色当中，“对他”与“对己”两套道德行为评定标准之间的关系形态会发生动态变化。世间既没有绝对的“对他”的评定标准高于“对己”标准之绝顶自私自利的人，也不存在绝对的“对己”的评定标准高于“对他”标准之绝顶宽厚无私的人，当然也不会有绝对的“对他”与“对己”的评定标准完全一致的公私分明、一视同仁的人。我们只能说，对大多数普通人而言，在多数时候由于利己心在“作怪”，“对他”的评定标准会高于“对己”的标准。但是，针对道德行为的不同方面，针对行为主体所处的不同道德认知发展阶段，人们确立的“对己”与“对他”的行为评定标准孰高孰低还有待具体研究。

我们先后对问卷中“对己诚实”与“对他诚实”，“对己守信”与“对他守信”相关问题回答得分的均数进行了配对样本t检验。结果发现，当前我国儿童、青少年，从小学到高中，无论处于哪一个年级，他们“对己”诚实的评定标准普遍高于“对他”诚实的评定标准，而“对他”守信的评定标准又均高于“对己”守信的评定标准。从小学二年级到高中二年级五个年级学生在诚实和守信两方面“对己”与“对他”评定标准的具体统计数据，见表35和表36。

表35　不同年级儿童、青少年“对己”诚实评定标准与“对他”诚实评定标准差异比较

年级	人数	对己诚实评定标准		对他诚实评定标准		γ值
		M	SD	M	SD	
小学二年级	978	4.4049	0.64322	3.7940	0.88804	20.248**
小学四年级	1146	4.5129	0.57935	3.9389	0.71637	24.746**
小学六年级	1139	4.3724	0.62184	3.9526	0.82534	15.784**
初中二年级	1117	4.1740	0.77131	3.8021	0.65473	15.055**
高中二年级	1127	3.9455	0.75522	3.6138	0.62907	14.771**

注：该题项有317个缺失值

** 表示t检验结果在0.01水平上表现为差异显著

表35分别列出小学二年级、小学四年级、小学六年级、初中二年级、高中二年级学生“对己”诚实评定标准和“对他”诚实评定标准的平均数、标准差以及两者的差异比较。从这组数据中我们可以清楚地发现，当前我国儿童、青少年“对己”诚实评定标准明显高于“对他”诚实评定标准。具体而言，小学四年级学生“对己”诚实评定标准得分最高，以下依次是小学二年级、小学六年级、初中二年级和高中二年级。小学六年级学生“对他”诚实评定标准最高，以下依次是小学四年级、初中二年级、小学二年级和高中二年级。

表 36　不同年级儿童、青少年“对己”守信评定标准与“对他”守信评定标准差异比较

年级	人数	对己守信评定标准		对他守信评定标准		γ值
		M	SD	M	SD	
小学二年级	1014	3.2976	0.65850	3.7515	0.54383	−18.737**
小学四年级	1122	3.3508	0.62084	3.8723	0.55393	−22.994**
小学六年级	1104	3.3601	0.56267	3.8380	0.59586	−21.137**
初中二年级	1084	3.3109	0.61010	3.6867	0.59218	−15.749**
高中二年级	1120	3.3431	0.51777	3.6208	0.48118	−14.210**

注：该题项有 380 个缺失值

** 表示 t 检验结果在 0.01 水平上表现为差异显著

表 36 分别列出小学二年级、小学四年级、小学六年级、初中二年级、高中二年级学生“对己”守信评定标准和“对他”守信评定标准的平均数、标准差以及两者的差异比较。从这组数据中我们可以清楚地发现，当前我国儿童、青少年“对他”守信评定标准明显高于“对己”守信评定标准。具体而言，小学六年级学生“对己”守信评定标准得分最高，以下依次是小学四年级、高中二年级、初中二年级和小学二年级。小学四年级学生“对他”守信评定标准最高，以下依次是小学六年级、小学二年级、初中二年级和高中二年级。

缘何在我国儿童、青少年中出现“对己”诚实的评定标准明显高于“对他”诚实的评定标准，而“对他”守信的要求又明显高于“对己”守信的要求？我们从如下三方面进行了据理分析。

其一，这与当前我国学校和家庭教育中对儿童、青少年诚实品质的要求较高，而对他们守信品质的要求却相对较低有着直接的关系。

由于认知能力和生活经历的局限，处于中小学阶段的儿童、青少年尚不能做出自主的道德判断，也无法提出自己的道德原则，只能效仿教育者的行为，遵从周围成人的道德要求。面对道德尚未成熟的儿童、青少年，成人教育者为了及时了解他们内心真实的想法及其外在的道德行为，以便及时采取有针对性的教育措施，往往会对中小学生提出诚实的道德要求。尤其是在我国学校道德教育中，教师在评价学生道德品质方面占据绝对的权威，在对学生进行道德评价的过程中，学生是否对成人教育者诚实是最重要的考核指标之一。我们经常会听到有些家长和老师对学生这样说：“你学习不好无关紧要，但是你一定要做一个诚实的孩子。”处于受教育者地位的儿童、青少年却很少有权利和胆量对他们的父母和师长提出诚实的道德要求。退一步讲，即便成人对儿童、青少年说谎，他们也缺乏足够的分辨真话与谎言的能力。久而久之，在绝大多数儿童、青少年心目中，别人或许是诚实的，而自己要做到诚实确实需要付出努力。这样，也就形成了我国儿童、青少年在诚实方面对自己的评定标准高于对他人的评定标准的客观结果。

其二，这跟他人的诚实及守信行为与我们自身利益关涉的性质与程度有着密不可分的内在联系。

“在社会生活中，人们总是处在与他人和社会的一定利益关系中，个人的生存和发展离不开他人与社会。这就决定了个人在进行价值判断和行为选择时，必然要将行为的目的与行为的后果，将个人利益的损益与他人或社会利益的盈亏，将自身物力、财力、智力的投入与最终效益的产出结合起来，全面权衡利弊得失。”①于是，现实生活中的人又常常被冠名以“理性经济人”。理性经济人的自利性决定了其道德行为必然具有明显的功利性。正如马克思所言：“人们奋斗所争取的一切，都同他们的利益有关。”②法国思想家霍尔巴赫也曾说：“利益就是人的行动的唯一动力。”③

“当今社会依靠利益驱动和价值规律的杠杆来形成和促进市场经济的活动，并借以实现社会资源的优化配置和最佳结合。”④这使得每个理性经济人的行为带有空前强烈的自主性和功利性，人们的道德心境发生了巨大的变化。道德主体对经济生活中人与人之间的利益关系的关切度和依赖性比以往任何时候都更直接、更强烈了，以致在人们的内心世界起支撑作用的精神信念和价值原则越来越倾向于近期的功名利禄，而人生的价值目标和终极关怀则越来越被淡化。对于那些与自己切身利益关系不大、不能给自己带来即时利益的道德事件，人们往往采取漠然置之的态度，将之统统排斥于自己的道德视野之外；而对于那些与自身利益密切相关、能给自己带来直接利益得失的道德事件，人们则分外关注、斤斤计较、决不姑息。

既然利益关系已成为人们一切社会活动的核心和基础，那么人们对于诚信行为的内在要求和社会预期，自然也是经过一番缜密的利益权衡和得失判断之后做出的相对理性的选择。值得说明的是，他人的诚实行为和他人的守信行为

---

①　杨文兵：《论德行成本》，载《社会科学》，2000(8)。

②　《马克思恩格斯全集》(第1卷)，北京，人民出版社，1957。

③　[法]霍尔巴赫：《自然的体系》，北京，商务印书馆，1999。

④　谭长富、罗建文：《论经济行为主体的道德理性基础及其作用》，载《湖南社会科学》，2003(1)。

与我们自身利益关联的性质和程度却存在着不小的差异。在此，我们暂且把他人当成诚实或守信行为的主体，把我们作为对方诚实或守信行为的客体，做以简要的分析。首先，他人对我们做出的承诺一定关涉我们的切身利益，而如果对方没有践履诺言，则势必会给我们自身利益带来相应的直接损失和伤害。相比之下，他人讲话内容的真实与否只有一部分，绝非全部会影响到我们的切身利益。当对方不想让别人得知真相之际，必然会想方设法隐瞒实情或者编造谎言。此时，如果我们恰好是事件的当事人，那么可能会遭受利益损失；如果此事与我们无关，我们虽然被蒙在鼓里，但并无直接利益损失。质言之，他人的失信行为必然会给守信客体——我们，带来直接的利益威胁；而他人的不诚实行为则未必会给诚实客体——我们，带来直接的利益影响。其次，他人的失信行为给我们切身利益带来的损失易于判断、便于评估，而他人的不诚实行为给我们自身利益带来的损失和危害则难以评断，有时甚至无法估算。这一点比较容易理解：如果对方没有信守诺言，那么我们可以从当初双方的承诺中快捷、清楚地找到损失的依据；如果对方通过欺骗的方式让我们蒙受利益损失，那么我们将很难即刻觉察，即便事后得知真相，评估利益损失也将是较为困难的事情。

由于人们具有经济理性和利己倾向，因此在设定“对他”诚实和“对他”守信内在评定标准的时候，必然也会对自身各种利益的获得及可能付出的代价进行反复的利益权衡、成本核算、收益分析。现实生活中，尽管他人背离诚信的谎言和失信行为都会给我们带来一定的利益损失，但是当人们意识到他人对自己守信与否，往往直接关涉自身利益，而且自身利益的损失可以在短时间内得到验证并易于衡量，而他人对自己是否诚实则未必直接关涉自身利益，并且自身利益的损失程度无法即刻觉知，检验成本又过高之际，通常会对前者提出较高的内在要求，而对后者尽管也会给予一定的关注，却不大可能提出过高的内在要求。当前我国儿童、青少年对于直接关涉自身利益的他人守信行为的评定标准设定较高，而对于未必直接关涉自己切身利益的他人诚实行为的评定标准相对偏低，显然具备理性的支撑，符合人性的常理。

其三，这与他人道德行为诚实、守信与否的辨识和判别的难度差异有一定的关系。人们在对他人的社会行为做出回应和反馈之前，首先要对对方言行的真实性以及对方承诺达到预期的可能性进行初步核实，从而做出诚信决策，唯有如此，才有可能降低自身的行为风险，确保自己利益最大化或损失最小化。但是在现实生活中，大量经验告诉我们，对他人言行是否实事求是的识别难度远远大于对他人是否履行诺言、说到做到的判断难度。这是因为，诚实作为“人的内在实有的德行，总是要通过人外在言行表现出来的。某人的言行就构成了其他人对某人具有多少诚实德性的了解、判断和评价的依据。然而，某一个人的言行常常不能完全地表现一个人内在德性的实有。其他人受自身言行习惯的局限和对某人言行了解程度的局限，常常不能对他人的诚实德性做出恰当的评价。真正能够正确评价某人有多少诚实德性的人，只能是某人自己或对其有深刻了解的‘知音’。”①相比之下，他人是否守信，则完全可以通过对方在某一时段特定情境中的行为表现得以明确验证。简言之，日常生活中人们很难判断他人是否诚实，但是他人是否守信则易于感知。对于理性发展较为充分的成人尚且如此，那么我们可以想象，对于认知能力和道德判断理性都有待进一步发展的儿童、青少年而言，能够准确、客观地判断他人是否对自己诚实不欺、是否言由心声则更是难上加难。这就构成了我国儿童、青少年选择对于那些自己无法识别的他人的诚实行为不做过高的内在要求，而对于那些显而易见的他人的守信行为则设定较高的评定标准的另一个重要原因。

(三)儿童、青少年诚信利益预期评定标准的年级差异

1. 诚实利益预期评定标准的发展特征

在诚实利益预期方面，小学四年级学生评定标准最高，以下依次是小学二年级、小学六年级、初中二年级、高中二年级。其中，小学四年级与小学二年级学生在诚实利益预期评定标准方面不存在显著差异，小学二年级与小学六年级学生在诚实利益预期评定标准方面也不存在显著差异，其他各年级之间差异显著。从发展趋势来看，小学二年级和小学四年级未呈现明显发展态势，自小学四年级到高中二年级，儿童、青少年诚实利益预期评定标准呈不间断下降趋势。(见图 7，图 8)

表 37　不同年级儿童、青少年诚实利益预期评定标准差异比较

年级	小学二年级	小学四年级	小学六年级	初中二年级
小学四年级	0.04959			
小学六年级	−0.05735	−0.10694*		
初中二年级	−0.32163**	−0.37122**	−0.26428**	
高中二年级	−0.68060**	−0.73019**	−0.62325**	−0.35897**

注：该题项有 111 个缺失值

** 表示 t 检验结果在 0.01 水平上表现为差异显著，* 表示 t 检验结果在 0.05 水平上表现为差异显著

① 焦国成：《关于诚信的伦理学思考》，载《中国人民大学学报》，2002(5)。

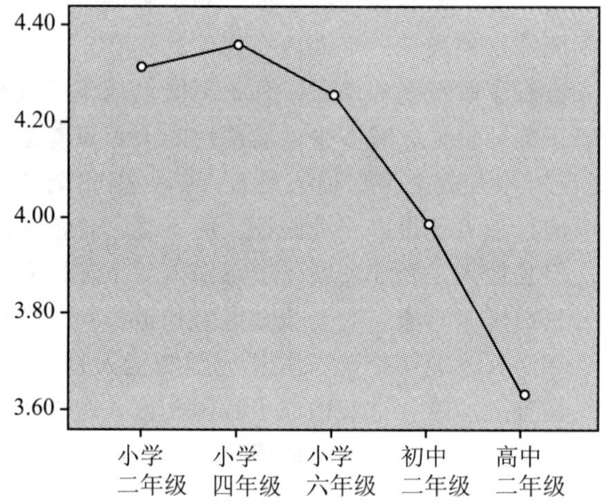

图 7　儿童、青少年诚实利益预期评定标准年龄趋势图

道德行为的实施不仅有赖于道德认知、道德意志等内在品德的塑造，还同外在的利益关系的影响息息相关，这就决定了个人在进行道德价值判断和行为选择时，要对各种利益的获得以及可能付出的代价进行成本核算和利益权衡。在常态下，人们总是希望用最小的成本投入获取最大的利益产出。

处于小学二年级到小学四年级阶段的儿童经常受到教育者施加的以“应然世界”中的诚信价值规范为显著特征的教育影响。而这一年龄阶段的儿童并没有形成独立的诚信道德判断与选择能力，所以面对利益问题时，他们根本没有成本核算与利益权衡的意识，愿意绝对服从教育者灌输的诚实价值选择，以实现成人社会对他们设定的诚实期望。小学四年级之后，随着理性思维的日益发展，孩子们开始基于“实然”生活世界中诚信道德现实的理论和体验对是否选择诚实行为进行理性的成本估算与代价分析。他们会考虑到，违背诚信道德准则的行为在使个人获得短暂投机利益的同时，也会损毁其自身的声誉，可能导致自己丧失他人的信任和与人合作的机会。面对具体的、程度各异的利益预期，他们不再一味地、机械地坚守诚实原则，而是视既得利益的大小，有选择、有条件地践行诚实。

我们又对被试在有关诚实“利益预期”“情境约束”“频率”“对象”题项回答的数据进行统计分析，绘制出儿童、青少年诚实评定标准年龄曲线图(见图 8)。比照图 7 与图 8 不难发现，中小学生诚实利益预期评定标准与包含四个维度的总的诚实评定标准呈现出一致的年龄趋势特征。

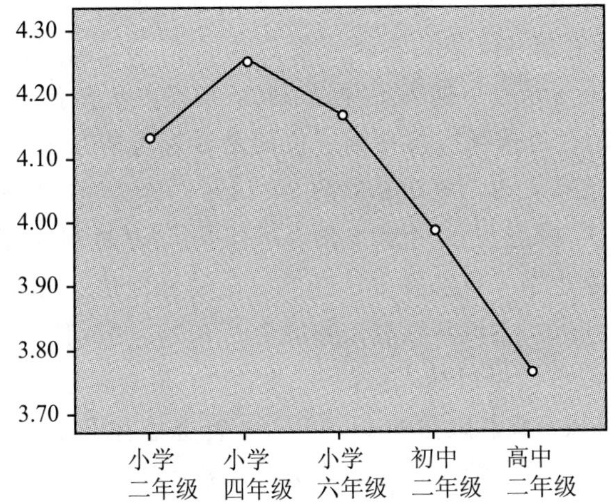

图 8　儿童、青少年诚实评定标准年龄趋势图

在探讨儿童、青少年在利益预期子维度下诚信行为评定标准问题之际，我们进一步调查了不同年级中小学生最愿意为之说谎的利益主体。

表 38　不同年级学生最有可能为之说谎的利益主体

年级	个人利益	家庭利益	学校利益	国家利益	不管为了谁的利益都不说谎	各年级合计
小学二年级	327 人	83 人	85 人	195 人	356 人	1046 人
小学四年级	234 人	97 人	52 人	348 人	431 人	1162 人
小学六年级	253 人	117 人	42 人	383 人	360 人	1155 人
初中二年级	260 人	157 人	39 人	321 人	356 人	1133 人
高中二年级	234 人	216 人	25 人	468 人	201 人	1144 人
各选项合计	1308 人	670 人	243 人	1715 人	1704 人	5640 人

注：该调查中，小学二年级学生有 45 个缺失值，小学四年级学生有 36 个缺失值，小学六年级学生有 29 个缺失值，初中二年级学生有 32 个缺失值，高中二年级学生有 42 个缺失值

从上面的表中可以看出，小学二年级学生中，有 356 人首选“不管为了谁的利益都不说谎”，占该年级总数的 34.03%；有 327 人首选最有可能为了“个人利益”说谎，占该年级总数的 31.26%；首选最有可能为了“国家利益”说谎的有 195 人，占该年级总数的 18.64%；首选最可能为了“学校利益”及为了“家庭利益”说谎的分别有 85 人和 83 人。

到了小学四年级，孩子们首选频次最多的选项依然是“不管为了谁的利益都不说谎”，选择者有 431 人，占该年级总数的 37.09%；孩子们首选频次排在第二位的则变成了最有可能为了“国家利益”说谎，选择者有 348 人，占该年级总数的 29.95%；首选频次排在第三位的是最有可能为了“个人利益”说谎，共有 234 人做此选择，占该年级总数的 20.14%；首选频次排在最后两位的分别是最有可能为了“家庭利益”说谎与最有可能为了“学校利益”说谎。

小学六年级学生中，首选频次排在前三位的分别是：最有可能为了“国家利益”说谎(有 383 人，占该年级总人数的 33.16%)，“不管为了谁的利益都不说谎”(有 360 人，占该年级总人数的 31.17%)，最有可能为了“个人利益”说谎(有 253 人，占该年级总人数的 21.90%)。首选最有可能为了“家庭利益”说谎的频次虽然仍排在倒数第二位，但是选择人数及其与该年级总人数的比值却较小学二年级和小学四年级学生有明显的增加。

初中二年级学生与小学四年级学生首选频次呈现一致性结果，排在前三位的分别是：“不管为了谁的利益都不说谎”(有 356 人，占该年级总人数的 31.42%)，最有可能为了“国家利益”说谎(有 321 人，占该年级总人数的 28.33%)，最有可能为了“个人利益”说谎(有 260 人，占该年级总人数的 22.95%)。在初中二年级学生当中，首选最有可能为了“家庭利益”说谎的频次虽然仍排在倒数第二位，但是选择人数较小学六年级学生又有所增加(达到 157 人，占该年级总人数的 13.86%)。

高中二年级学生首选频次最多的选项是最有可能为了“国家利益”说谎，选择者有 468 人，占该年级总人数的 40.91%；首选频次列于第二位的是最有可能为了“个人利益”说谎，选择者有 234 人，占该年级总人数的 20.45%；而最有可能为了“家庭利益”说谎已跃入前三甲，选择者也增加到 216 人，占该年级总人数的 18.88%。在小学二年级、小学四年级、初中二年级等三个年级学生中首选频次排在第一位的“不管为了谁的利益都不说谎”，在高中二年级学生中首选频次却跌到了第四位，选择人数降到 201 人，仅占该年级总人数的 17.57%。

由此可见，五个年级中，各个年级一致性地把最有可能为了学校利益去说谎排在末位。小学四年级、小学二年级、初中二年级三个年级的学生在面临最有可能为了谁的利益去说谎问题时，多数人首选不管为了谁的利益都不说谎。可见，在上述三个年级的多数学生心目中，诚实原则本身高于任何利益主体的既得利益。而小学六年级和高中二年级学生则多数人首选最有可能为了国家的利益说谎，我们可以推知，处在这两个年级的多数学生认为，国家的利益高于诚实原则，因此在面对捍卫国家利益与坚守诚实原则的两难选择中，他们更倾向于选择前者。小学四年级、小学六年级、初中二年级学生均把最有可能为了“个人利益”说谎排在“不管为了谁的利益都不说谎”和最有可能为了“国家利益”说谎之后，位列第三。而在小学二年级学生看来，最有可能为了“个人利益”说谎仅次于“不管为了谁的利益都不说谎”，因此将之排在第二位。在高中二年级学生眼中，最有可能为了“个人利益”说谎则位列第二，仅次于最有可能为了“国家利益”说谎。又一组值得关注的数据便是，最有可能为了“家庭利益”说谎的人数及选择者占各年级总人数的比率都随年级升高而明显增加，到了高中二年级，首选最有可能为了“家庭利益”说谎的频次居然明显超过首选“不管为了谁的利益都不说谎”(该选项在小学四年级、小学二年级、初中二年级学生中是首选频次最高的选项)，跃入前三甲。由此可见，到了高中二年级，在多数学生看来，国家利益、个人利益、家庭利益都可以超越诚实原则，这一现象应当引起教育者的高度重视。

2. 不同年级学生“对己”与“对他”诚实利益预期评定标准的差异比较

在诚实利益预期方面，五个年级学生“对己”的评定标准都显著高于“对他”的评定标准，这说明当前我国儿童、青少年在观念上不会因为一点小利益而去说谎，但是他们对别人为了钻营蝇头小利而去说谎的行为却能表现出一定程度的宽容。

表 39　不同年级儿童、青少年“对己”与“对他”诚实利益预期评定标准差异比较

年级	人数	对己诚实利益预期		对他诚实利益预期		γ值
		M	SD	M	SD	
小学二年级	1067 人	4.4208	0.92142	4.0909	1.39019	7.356**
小学四年级	1181 人	4.4555	0.88102	4.1702	1.34378	7.000**
小学六年级	1169 人	4.3400	0.95650	4.0804	1.88960	4.523**
初中二年级	1143 人	4.0805	1.08185	3.8066	1.47669	6.251**
高中二年级	1153 人	3.7884	1.08368	3.3140	1.54401	10.423**

注：该题项有 111 个缺失值

** 表示 t 检验结果在 0.01 水平上表现为差异显著

表 39 分别列出了小学二年级、小学四年级、小学六年级、初中二年级、高中二年级学生“对己”诚实利益预期和“对他”诚实利益预期的平均数、标准差以及两者的差异比较。从这组数据中，我们可以清楚地发现当前我国儿童、青少年“对己”诚实利益预期的评定标准明显高于“对他”诚实利益预期的评定标

准。在“对己”诚实利益预期评定标准方面，小学四年级得分最高，以下依次是小学二年级、小学六年级、初中二年级、高中二年级。五个年级学生“对他”诚实利益预期得分排序与“对己”诚实利益预期得分排序完全一致。

3. 守信利益预期评定标准的发展特征

在守信利益预期方面，小学六年级学生的评定标准达到了五个年级的最高水平，以下依次是小学四年级、小学二年级、初中二年级、高中二年级。小学六年级与小学四年级学生守信利益预期的评定标准不存在显著差异，与其他四个年级的学生均存在显著差异。从发展趋势来看，小学二年级到小学六年级呈发展势头，小学四年级到小学六年级处于平稳状态，自小学六年级之后，儿童、青少年守信利益预期呈现明显下降的走势。

表 40　不同年级儿童、青少年守信利益预期评定标准差异比较

年级	小学二年级	小学四年级	小学六年级	初中二年级
小学四年级	0.02312			
小学六年级	0.07764*	0.05451		
初中二年级	−0.03193	−0.05505	−0.10956*	
高中二年级	−0.09154*	−0.11467**	−0.16918**	−0.05962

注：该题项有 248 个缺失值

** 表示 t 检验结果在 0.01 水平上表现为差异显著，* 表示 t 检验结果在 0.05 水平上表现为差异显著

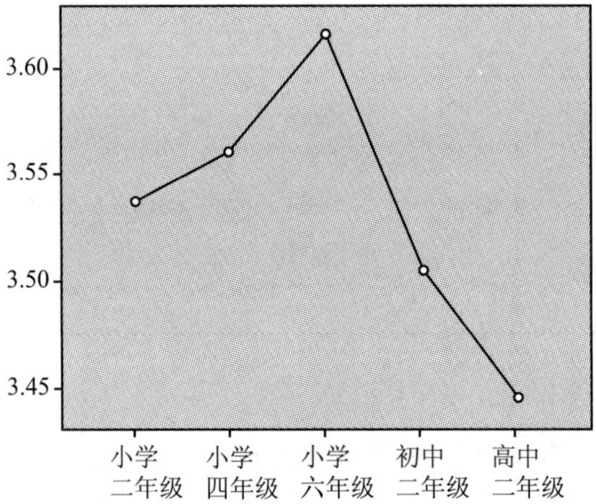

图 9　儿童、青少年守信利益预期评定标准年龄趋势图

小学六年级学生守信利益预期评定标准的得分在五个年级中最高，说明五

个年级中，小学六年级学生在面对各种利益的搅扰下，对守信道德行为的内在要求最高，最愿意坚持和践行守信。我们认为守信利益预期的峰值之所以出现在小学六年级，可能与小学六年级学生对同伴交往的特别关注有直接关系。大量研究发现，随着自我意识的提高和对校园学习生活的熟悉，儿童进入小学中、高年级之后，更愿意选择同龄人作为交往对象并与之建立亲密的伙伴关系。交往中得到同伴的认可和接纳，进而建立彼此信赖的朋友关系，必须以双方长期自觉地履行和信守承诺为基础。而能否在利益的诱惑面前依旧说到做到，则是儿童在同伴中树立守信形象的关键。在利益预期子维度下，倍加重视与同伴建立友谊关系的小学六年级学生义无反顾地确立了高水平的守信行为评定标准。小学六年级之后，儿童、青少年守信利益预期评定标准的急剧下滑，则可能是他们越加理解守信行为的复杂性，更多地考虑到来自不同方面的不同表现形式的利益对个体守信行为的影响和限制，逐步形成从个体守信的意图、动机、情境、后果等方面出发，综合评定人的守信行为所致。这样看来，初、高中学生在评定自己和他人的守信行为时，保持了较大的灵活性和弹性空间。

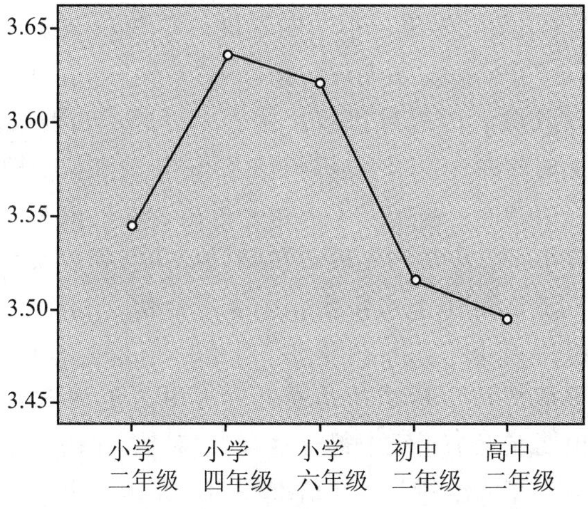

图 10 儿童、青少年守信评定标准年龄趋势图

我们对被试在有关守信“利益预期”“情境约束”“频率”“对象”题项回答的结果进行统计分析，绘制出儿童、青少年守信评定标准年龄曲线图(见图 10)。比照图 9 与图 10，尽管两图曲线形状不尽相同，但是无论在守信利益预期单一维度上，还是在四维度的守信总体评价上，都呈现出小学二年级到四年级评定标准不断上升，小学六年级之后直至高中评价标准日趋下降的总体走势。

4. 不同年级学生"对己"与"对他"守信利益预期评定标准的差异比较

在守信利益预期方面，五个年级学生"对他"的评定标准都显著高于"对己"的评定标准，这说明当守信涉及利益问题时，我国儿童、青少年对自己的内在要求远远低于对他人的内在要求。

表 41　不同年级儿童、青少年"对己"与"对他"守信利益预期评定标准差异比较

年级	人数	对己守信利益预期		对他守信利益预期		γ值
		M	SD	M	SD	
小学二年级	1057 人	2.8377	1.18102	4.2370	0.96033	−29.894**
小学四年级	1153 人	2.7493	1.17337	4.3716	0.88951	−37.369**
小学六年级	1126 人	2.9356	1.02722	4.2944	1.28777	−27.536**
初中二年级	1102 人	3.0191	1.24537	3.9918	1.02862	−19.822**
高中二年级	1138 人	3.1873	0.97835	3.7043	1.04862	−12.094**

注：该题项有 248 个缺失值。

** 表示 t 检验结果在 0.01 水平上表现为差异显著

表 41 分别列出小学二年级、小学四年级、小学六年级、初中二年级、高中二年级学生"对己"守信利益预期评定标准和"对他"守信利益预期评定标准的平均数、标准差以及两者的差异比较。从表中可知，当前我国儿童、青少年"对他"守信利益预期的内在要求明显高于"对己"守信利益预期的内在要求。在"对己"守信利益预期方面，高中二年级得分最高，以下依次是初中二年级、小学六年级、小学二年级、小学四年级。在"对他"守信利益预期方面，小学四年级得分最高，以下依次是小学六年级、小学二年级、初中二年级、高中二年级。可见五个年级中，小学四年级学生"对他"守信利益预期评定标准最高，"对己"守信利益预期的评定标准却是最低；高中二年级学生恰恰相反，他们"对己"守信利益预期在五个年级中得分最高，"对他"守信利益预期得分最低。

我们初步认为，在关涉利益的守信事件中，儿童、青少年对于自己守信的评定标准以自身抗拒利益诱惑的道德自觉为基础，而对于他人的守信评定标准则以对他人抗拒利益诱惑的理性判断为根据。到了小学四年级，儿童萌生出区分利益大小的意识和获得利益的意愿，加之道德自律意识相对淡薄，因此出于利益关切，他们会对自己的守信要求设置的偏低。与此同时，小学四年级学生对于他人在特定利益情境下守信行为的复杂性估计过低，故此倾向于对他人的守信行为提出较高要求。高中二年级学生尽管也表现出在利益预期维度上对他人的守信要求远远高于对自己的守信要求，但是在五个年级中，高中二年级学生却表现出对自己的守信要求最高，而对他人的守信要求最低之特征。我们认为，高中二年级学生已经形成一定程度的道德自律，因此在既得利益与守信的博弈中，他们会在一定程度上坚守自己的守信原则。与此同时，高中二年级学生对于关涉利益的守信事件的复杂性有了较充分的认知，故而相对于其他四个年级的学生，他们反倒对别人的守信要求设置得偏低。

5. 不同年级儿童、青少年诚实与守信利益预期评定标准之比较

我国儿童、青少年诚实利益预期的评定标准明显高于守信利益预期的评定标准，前者的高峰出现在小学四年级，后者的发展高峰出现在小学六年级。

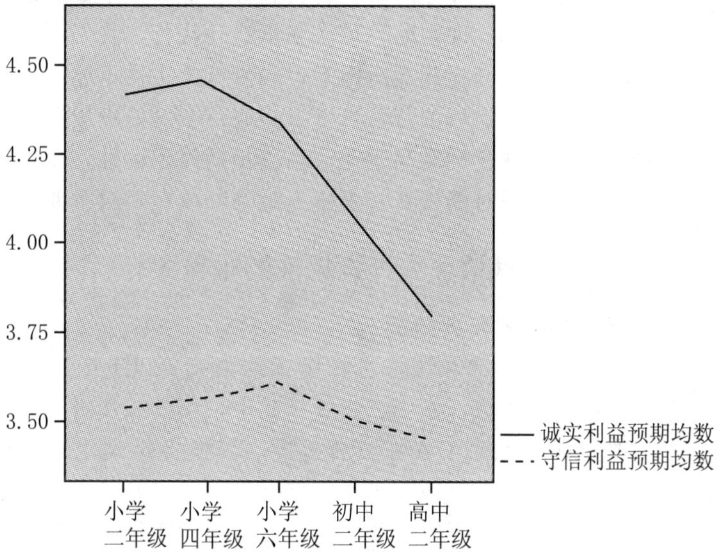

图 11　不同年级儿童、青少年诚实与守信利益预期均数比较图

注：上面一条线为儿童、青少年诚实利益预期评定标准年级发展曲线，下面一条线为儿童、青少年守信利益预期评定标准年级发展曲线。

对比我国儿童、青少年利益预期维度下诚实与守信评定标准的两条年龄曲线，我们发现两处需要深入分析的现象：其一，两条曲线显示出我国中小学生诚实与守信评定标准在年龄趋势变化中的差异；其二，两条曲线表征了我国中小学生在关涉利益事件的道德博弈中，对于诚实的评定标准明显高于守信的评定标准。

从图中不难看出，自小学六年级之后，我国儿童、青少年诚实与守信利益预期的评定标准都呈下滑趋势。不同的是，在诚实利益预期评定标准上，小学四年级到小学六年级呈现明显下降走势，而在守信利益预期评定标准上，上述年龄段却未呈现丝毫下滑迹象。我们认为，到了小学六年级，儿童对于关涉利益的诚实和守信事件的复杂性已经能够做出较为充分的估计，因此他们若将诚实和守信的评定标准设置得比小学中低年级学生更低也符合常理。但是，希望与同伴建立亲密关系的强烈交往需求，又使小学六年级学生分外关注在同伴中树立守信形象，这样很有可能导致这一年龄段的儿童在面对利益事件时，开始放弃诚实的高标准，却还在坚持守信的高要求。

在利益预期维度上，我国儿童、青少年的诚实评定标准明显高于守信评定标准，这与诚实和守信行为发生的内在逻辑是吻合的。本书在诚信的内涵以及我国儿童、青少年对"诚信"含义理解状况的调查分析等章节中都曾讲到：透过守信行为发生的一致性链条，即判断→承诺和承诺→践行，我们可以断定诚实是守信行为发生的基本前提。在利益诱因下，如果行为主体不能按其主观意愿真实表达主观判断，那么他随后的行为自然不会履行事先的虚假承诺。我国儿童、青少年诚实利益预期评定标准高于守信利益预期评定标准，恰恰表明他们把行为主体在面对利益诱因时能否真实表达主观判断放在相对重要的位置上。

(四)儿童、青少年诚信频率评定标准的年级差异

1. 诚实频率评定标准的年龄特征

在诚实频率方面，小学四年级学生评定标准最高，以下依次是小学二年级、小学六年级、初中二年级、高中二年级。其中，小学二年级与小学六年级学生在诚实频率评定标准方面不存在显著差异，其他各年级之间存在显著差异。从发展趋势来看，小学二年级到小学四年级呈明显上升势头，从小学四年级之后直到高中二年级呈明显下降趋势。这说明从小学四年级之后，儿童、青少年逐渐认识到现实生活中，诚实行为的选择具有诸多情境性与复杂性，不再机械地通过频率来评价和规定自己及他人的诚实品质了。需要特别说明的是，尽管频率不能作为判断人们诚实品质的原则性依据，但是如果把情境性和复杂性转而当成放弃诚实道德追求的借口和理由，对诚实行为的发生频率毫不在意，一味姑息自身及他人的不诚实行为，那么将预示着更危险的诚信危机。因此，教育者对小学四年级之后，直至高中二年级儿童、青少年诚实频率评定标准不断下降的现象仍然要给予适度重视。

表 42　不同年级儿童、青少年诚实频率评定标准差异比较

年级	小学二年级	小学四年级	小学六年级	初中二年级
小学四年级	0.09211*			
小学六年级	−0.04974	−0.14185**		
初中二年级	−0.27230**	−0.36441**	−0.22255**	
高中二年级	−0.53212**	−0.62422**	−0.48237**	−0.25982**

注：该题项有 79 个缺失值

** 表示 t 检验结果在 0.01 水平上表现为差异显著，* 表示 t 检验结果在 0.05 水平上表现为差异显著

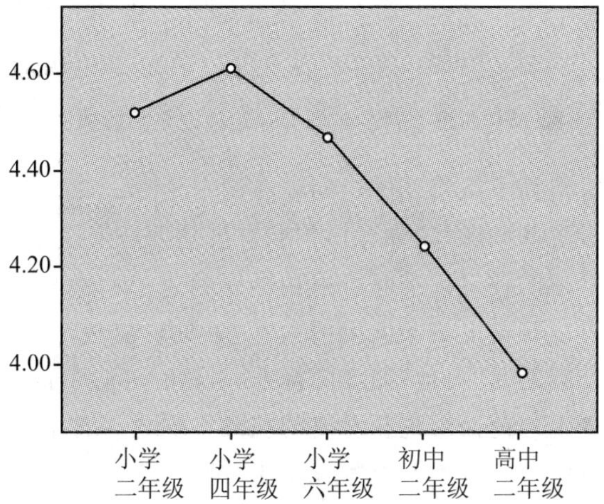

图 12　儿童、青少年诚实频率评定标准年龄趋势图

比照儿童、青少年在频率单一维度上的诚实评定标准年龄曲线图（见图 12）与包含四个维度的诚实评定标准年龄曲线图（见图 13），不难发现两图呈现出毫无二致的年龄趋势特征。

2. 不同年级学生“对己”与“对他”诚实频率评定标准的差异比较

在诚实频率方面，除小学六年级学生“对己”与“对他”评定标准差异不显著之外，其余四个年级学生“对他”的评定标准明显高于“对己”的评定标准。这一结果与我们在研究不同年级儿童、青少年“对己”与“对他”的诚实和守信评定标准时得出的结论“从小学二年级到高中二年级，五个年级的学生‘对己’诚实的评定标准普遍高于‘对他’诚实的评定标准”明显不符。我们认为其原因主要出在问卷中“对己”与“对他”诚实频率评定标准问题的表述上。当初，为了避免令

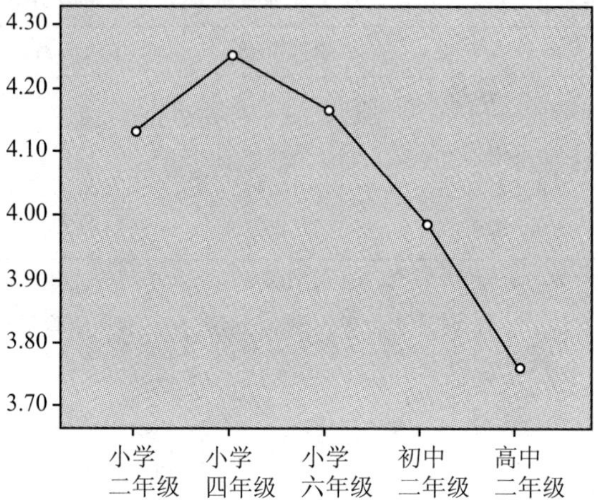

图 13　儿童、青少年诚实评定标准年龄趋势图

被试因感觉问题重复而不认真作答，问卷在调查儿童、青少年“对己”诚实频率的评定标准时，设置的问题是“你怎样判断自己是否是个说谎的人”，而在调查他们“对他”诚实频率的评定标准时，采用的题目是“观察一下你周围的人，你认为什么样的人可以算得上是个诚实的人”。可见，前一个问题是“对己”说谎的标准，而后一个问题是“对他”诚实的标准，这两个问题可能不完全具有同质性，因此造成表面上与前面结论相背离的现象。要之，准确地说，我们的调查结果是除小学六年级外，我国儿童、青少年“对他”诚实的评定标准高于“对己”说谎的评定标准。

表 43　不同年级儿童、青少年“对己”说谎与“对他”诚实频率评定标准差异比较

年级	人数	对己说谎频率		对他诚实频率		γ值
		M	SD	M	SD	
小学二年级	1078 人	4.2727	1.39365	4.7579	1.79802	−7.185**
小学四年级	1187 人	4.5459	0.99249	4.6689	0.86475	−3.417**
小学六年级	1176 人	4.4600	0.96320	4.4711	0.85999	−0.348
初中二年级	1144 人	4.1600	1.13550	4.3260	0.88012	−4.338**
高中二年级	1160 人	3.9336	1.13532	4.0328	0.91519	−2.679**

注：该题项有 79 个缺失值

** 表示 t 检验结果在 0.01 水平上表现为差异显著

表 43 分别列出小学二年级、小学四年级、小学六年级、初中二年级、高

中二年级学生“对己”说谎频率评定标准和“对他”诚实频率评定标准的平均数、标准差以及两者的差异比较。从表中数据可知，当前我国儿童、青少年“对他”诚实频率的评定标准明显高于“对己”说谎频率的评定标准。在“对己”说谎频率评定标准方面，小学四年级学生得分最高，以下依次是小学六年级、小学二年级、初中二年级、高中二年级。在“对他”诚实频率评定标准方面，小学二年级得分最高，以下依次是小学四年级、小学六年级、初中二年级、高中二年级。

3. 守信频率评定标准的年龄特征

在守信频率方面，小学四年级学生的评定标准达到了五个年级的最高水平，以下依次是小学六年级、初中二年级、小学二年级、高中二年级。其中，小学四年级与小学六年级学生守信频率的评定标准不存在显著差异，小学二年级与高中二年级学生在守信频率评定标准上也不存在显著差异，其他年级学生之间均存在显著差异。从发展趋势来看，小学二年级到小学四年级呈上升态势，自小学四年级到小学六年级呈平稳状态，小学六年级到高中二年级呈现明显下降势头。

表 44　不同年级儿童、青少年守信频率评定标准差异比较

年级	小学二年级	小学四年级	小学六年级	初中二年级
小学四年级	0.28410**			
小学六年级	0.25290**	−0.03119		
初中二年级	0.10087*	−0.18323**	−0.15203**	
高中二年级	−0.06960	−0.35370**	−0.32250**	−0.17047**

注：该题项有 141 个缺失值

** 表示 t 检验结果在 0.01 水平上表现为差异显著，* 表示 t 检验结果在 0.05 水平上表现为差异显著

小学四年级之后，儿童、青少年对诚实频率的评定标准日渐下降，而在守信频率的评定标准上，小学四年级之后直到小学六年级，学生的得分一直保持在居高不下的水平，足见小学五、六年级学生对守信品质的重视度之高。可到了小学六年级之后，无论对守信品质多么重视，孩子们还是接受了现实生活中守信行为的选择也具有诸多情境性与复杂性的事实，于是也就不再一味地要求和评价自己及他人的守信品质了。

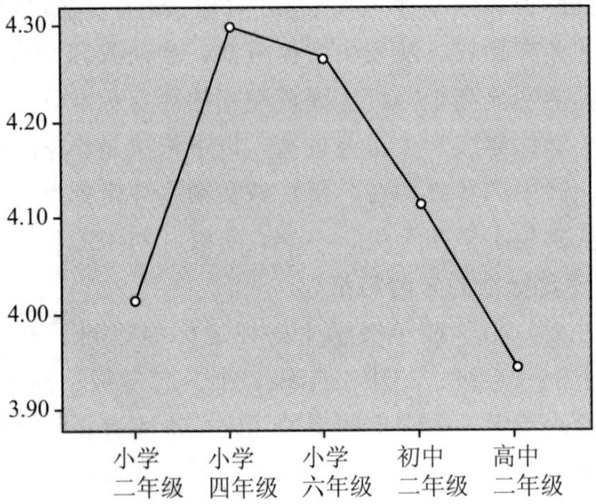

图 14　儿童、青少年守信频率评定标准年龄趋势图

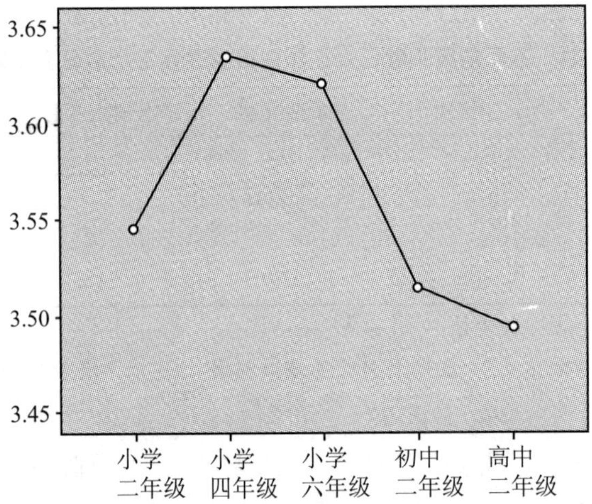

图 15　儿童、青少年守信评定标准年龄趋势图

比照图 14 和图 15 我们不难发现，儿童、青少年在频率单一维度上的守信评定标准的年龄趋势与他们在四个维度上的守信评定标准的年龄趋势呈现大致相同的发展特征，只不过初中二年级之后，中学生守信频率评定标准的下降幅度明显大于他们在守信方面总体评定标准的下滑程度。这说明我国中学生已摆脱了凭借守信事件发生频率来判定人是否具有守信品质的简单化、机械化思维方式。

4. 不同年级学生“对己”与“对他”守信频率评定标准的差异比较

在守信频率方面，小学二年级和初中二年级学生“对己”与“对他”评定标准均不存在显著差异。小学四年级、小学六年级、高中二年级学生“对己”的守信频率评定标准明显高于“对他”的标准。单就守信频率的评定标准来看，这一结果与儿童、青少年“对他”守信评定标准普遍高于“对己”守信评定标准存在背离之处，但这恰恰揭示出儿童、青少年守信观的一个独特现象，即当不关涉利益问题，单纯讨论守信频率时，部分儿童、青少年“对己”的守信要求会略高于“对他”的守信要求，一旦涉及既得利益，他们“对他”守信的内在要求转而高于“对己”守信的内在要求。

表 45 不同年级儿童、青少年“对己”与“对他”守信频率评定标准差异比较

年级	人数	对己守信频率		对他守信频率		γ值
		M	SD	M	SD	
小学二年级	1058	4.0444	1.61442	3.9830	1.63213	1.092
小学四年级	1182	4.3596	1.25570	4.2360	1.36831	3.030**
小学六年级	1159	4.3149	1.07974	4.2183	1.13272	2.663**
初中二年级	1139	4.1150	1.10357	4.1141	1.93959	0.015
高中二年级	1145	3.9738	1.02726	3.9144	1.00245	1.999*

注：该题项有 141 个缺失值

** 表示 t 检验结果在 0.01 水平上表现为差异显著，* 表示 t 检验结果在 0.05 水平上表现为差异显著

表 45 分别列出了小学二年级、小学四年级、小学六年级、初中二年级、高中二年级学生“对己”守信频率与“对他”守信频率评定标准的平均数、标准差以及两者的差异比较。从表中数据可知，小学二年级与初中二年级学生“对己”与“对他”守信频率评定标准不存在显著差异，而小学四年级、小学六年级和高中二年级学生“对己”守信频率评定标准明显高于“对他”守信频率评定标准。

5. 不同年级儿童、青少年诚实与守信频率评定标准之比较

我国儿童、青少年诚实频率的评定标准明显高于守信频率的评定标准，两者的发展高峰均出现在小学四年级，但在守信频率评定标准中，小学四年级与小学六年级学生差异不显著。我国儿童、青少年诚实频率与守信频率评定标准两条年龄曲线的意义在于：其一，两条曲线显示出我国中小学生诚实频率与守信频率评定标准在年龄趋势变化中的差异；其二，两条曲线表征了我国中小学生诚实频率的评定标准明显高于守信频率的评定标准。

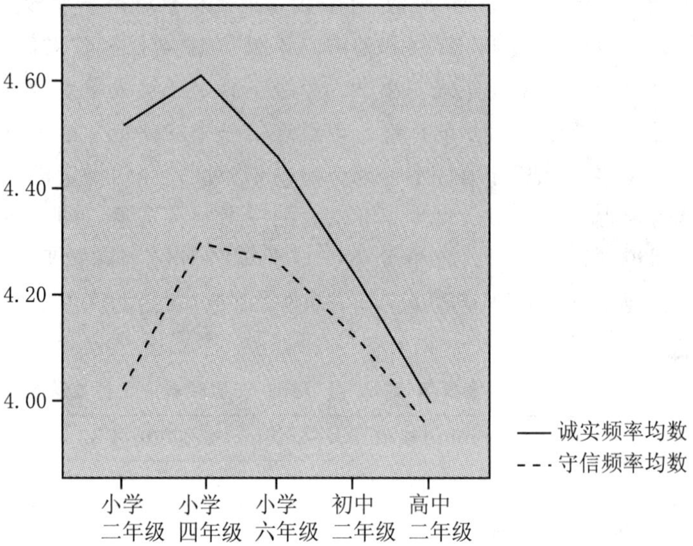

图 16　不同年级儿童、青少年诚实与守信频率均数比较图

注：上面一条线为儿童、青少年诚实频率评定标准年级发展曲线，下面一条线为儿童、青少年守信频率评定标准年级发展曲线。

我们发现，图 16 所呈现的我国中小学生诚实频率与守信频率评定标准的年龄曲线变化差异与图 11 所呈现的利益预期维度下我国中小学生诚实与守信评定标准的年龄曲线变化差异完全一致。我们认为其内在动因也有很大的相似之处，在此不加赘述。

就我国中小学生诚实频率的评定标准明显高于守信频率的评定标准而言，我们认为，这一现象一方面与诚实和守信行为发生的内在逻辑相吻合，具有一定的合理性；另一方面也与中国传统文化对于“诚实”和“守信”两种道德品质的价值定位存在一定的关联。在中国古代伦理文化中，“诚”被奉为一种美德，正如荀子所说：“天地为大矣，不诚则不能化万物；圣人为知矣，不诚则不能化万民；父子为亲矣，不诚则疏；君上为尊矣，不诚则卑，夫诚者，君子之所守也，而政事之本也。”①作为君子道德品格的核心，“诚”总是在慎独中实践的，所谓“其身正，不令而行，其身不正，虽令不从。”②也正是由于自律价值的凸

① 《荀子·不苟》。

② 《论语·子路》。

显，使得"诚实"在中国传统文化中的美德地位坚不可摧。相比之下，"信"并不足以彰显君子的道德自律，因为守信行为通常是在他人或外界制度环境的约束下得以实施的，故此也就不能被提升到美德的高度，只是一种具体的德目。朱熹在《朱子文集》中明确提出："木仁、金义、火礼、水智各有所主，独土无位，而为四行之实，故信亦无位而为四德之实也。"在强调仁、义、礼、智的同时，朱熹却没有贬低"诚"的地位，他在《四书集注·大学章句》中坚持"诚其意者，自修之首也"。中国传统文化中诚实与守信相差悬殊的道德价值定位，也会在一定程度上影响国人对于自己或他人是否具有诚实、守信品质的评定标准的设置。在这里，具体表现为我国儿童、青少年在频率评定标准的设置上，对作为君子美德的诚实的尺度要求明显高于作为普通道德条目的守信的尺度要求。

(五)儿童、青少年诚信情境约束评定标准年级差异

1. 诚实情境约束评定标准的年龄特征

在诚实情境约束的评定标准方面，小学四年级学生达到最高峰，以下依次是小学六年级、初中二年级、小学二年级、高中二年级。其中，不存在显著差异的几个年级分别是：小学四年级与小学六年级学生，小学六年级与初中二年级学生，高中二年级与小学二年级学生。其他各年级之间均呈现统计学意义上的显著差异。从发展趋势来看，小学二年级到小学四年级呈现明显上升趋势，小学四年级至小学六年级发展变化不明显，自小学六年级之后直到高中二年级，随年级的增长，儿童、青少年诚实情境约束的评定标准不断下降。

表 46　不同年级儿童、青少年诚实情境约束评定标准差异比较

年级	小学二年级	小学四年级	小学六年级	初中二年级
小学四年级	0.18048**			
小学六年级	0.12936**	−0.05112		
初中二年级	0.06728*	−0.11320**	−0.06208	
高中二年级	−0.02939	−0.20987**	−0.15875**	−0.09667**

注：该题项有 89 个缺失值

** 表示 t 检验结果在 0.01 水平上表现为差异显著，* 表示 t 检验结果在 0.05 水平上表现为差异显著

“人的道德行为是一种十分复杂的社会现象，除了少数圣贤能始终保持高尚的道德之外，一般人的道德行为并非只有一种状态，往往因情境而异。”①对于绝大多数人而言，情境构成了个体道德判断与道德选择的基础和依托。在纷繁而多变的道德生活画卷中，每个人仿佛是一幕幕鲜活的道德“剧场”中的演员，在特殊的、具体的时空中判断着道德的善恶与目的，进行着价值的取舍和选择。然而，个体的道德判断标准又具有相对的稳定性，在同类情境中，他们的道德选择和行为方式呈现大体相同的模式。正因如此，我们对儿童、青少年在不同情境约束条件下诚实与守信行为评定标准的研究，才显得必要而有富有意义。美国学者杜威曾说：“道德的情境是公然行动以前须要判断和选择的一个情境。”②可见，道德情境是个体身处其中，且先于个体道德决定的诸多要素共同构成的社会背景。为了使问卷调查具有可操作性，我们只研究诚实情境中监督力量的强弱对于儿童、青少年诚实行为发生概率的影响。图 17 描绘了我国儿童、青少年诚实情境约束评定标准的年龄发展曲线。我们可以清晰地看出，自小学二年级到小学四年级，儿童诚实行为的选择对于外界监督的依赖度逐步降低，而自小学六年级直到高中二年级，我国中小学生诚实行为的选择越来越依赖来自外界环境的强有力监督。

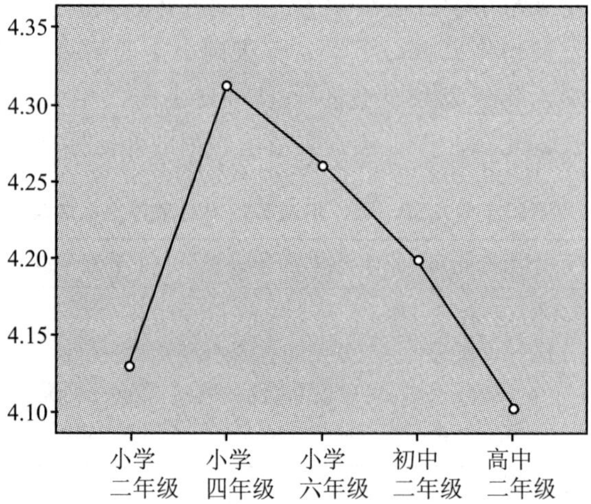

图 17　儿童、青少年诚实情境约束评定标准发展趋势图

---

① 王澄霞：《道德行为的情境模式与茨威格价值判断的迷误》，载《扬州大学学报》(人文社会科学版)，2007(4)。

② [美]杜威：《哲学的改造》，许崇清译，北京，商务印书馆，1989。

对于小学二年级至四年级学生诚实情境约束评定标准明显升高的现象，我们同样可以在 Strichartz A. F 等人提出的“原型理论”中找到解释依据，即中、低年级的小学生更多地根据“言语表述是否违背了现实”来评定自己和他人的诚实行为。由于该年龄段的孩子对于行为主体的意图、动机及行为所处情境缺乏充分理解，所以他们在情境约束条件下仍旧保持着机械的、统一的、普遍的、居高不下的诚实评定标准。自小学六年级直至高中二年级，我国儿童、青少年诚实情境约束评定标准日趋下降，则在一定程度上与康德所谓的基于自由意志的“至善”的“心中的道德法则”根本不是“绝对的”“无条件的”相呼应。小学六年级之后，青少年诚实行为的选择越加依赖来自外界环境的约束、监督和管制。由此可见，随着理性思维水平的发展完善，我国初、高中学生在诚实德行成本与欺骗风险代价的博弈中普遍多了伺机而行的“灵活”与“变通”，丢弃了传统文化中“君子自律”的“诚实美德”。我们在慨叹当前中小学诚信教育尴尬低效的同时，更应当脚踏实地地加强包括学校在内的整个社会环境中的诚信制度建设。“通过制度有效规范、惩罚欺骗行为，增进社会的诚实秩序；通过制度大大提高机会主义行为的风险成本，使人际交往变得更可预见，从而增进人际信任；通过制度弥补信息不对称，降低信息搜寻成本。”①使每个公民都可能成为社会诚信的监督者。在诚信制度健全且运行良好的社会环境下，依赖外界监督力量规约的青少年学生才更有可能把教育者的诚实要求内化为自身的道德行为尺度。

比照儿童、青少年在情境约束单一维度上的诚实评定标准年龄曲线图（见图 17）与包含四个维度的诚实评定标准年龄曲线图（见图 18），可以看出两图呈现大致相同的年龄趋势特征。略有不同的是，在情境约束单一维度上，儿童在小学二年级到小学四年级之间的诚实评定标准攀升幅度更大。

2. 不同年级学生“对己”与“对他”诚实情境约束评定标准的差异比较

在诚实情境约束方面，除高中二年级学生“对己”与“对他”评定标准差异不显著之外，其他四个年级学生“对己”的评定标准都显著高于“对他”的评定标准。这一结果与我们前面得出的结论，即儿童、青少年“对己”诚实评定标准高于“对他”诚实评定标准基本吻合。同时也说明，在我国儿童、青少年看来，他们自己在诚实行为的选择上受外界情境影响的程度明显比他人低。

① 廖小平：《论诚信与制度》，载《北京大学学报》（哲学社会科学版），2006(6)。

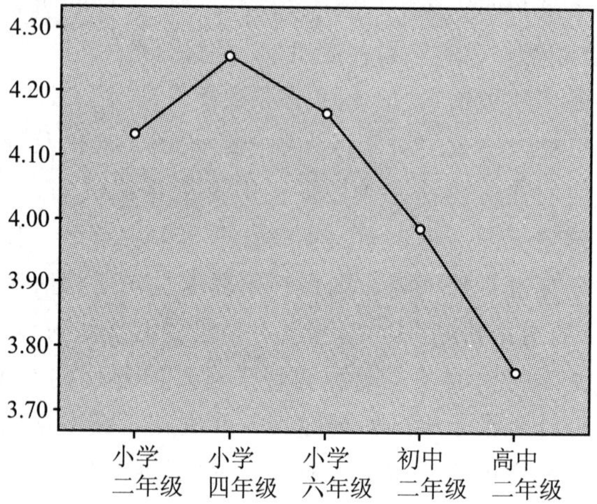

图 18　儿童、青少年诚实评定标准年龄趋势图

表 47　不同年级儿童、青少年“对己”与“对他”诚实情境约束评定标准差异比较

年级	人数	对己诚实情境约束		对他诚实情境约束		γ值
		M	SD	M	SD	
小学二年级	1063 人	4.4266	0.84888	3.5409	1.67792	16.173**
小学四年级	1180 人	4.5466	0.74901	3.8424	1.58948	14.049**
小学六年级	1171 人	4.3493	0.78454	4.0837	1.35489	5.961**
初中二年级	1151 人	4.2554	1.13095	4.0851	1.27711	3.531**
高中二年级	1170 人	4.0923	1.00832	4.1214	0.98698	−0.780

注：该题项有 89 个缺失值

** 表示 t 检验结果在 0.01 水平上表现为差异显著

表 47 分别列出了小学二年级、小学四年级、小学六年级、初中二年级、高中二年级学生“对己”诚实情境约束和“对他”诚实情境约束评定标准的均数、标准差以及两者的差异比较。从表中可知，除高中二年级学生之外，其他四个年级学生“对己”诚实情境约束的评定标准明显高于“对他”诚实情境约束的评定标准。“对己”诚实情境约束评定标准得分最高的是小学四年级学生，以下依次是小学二年级、小学六年级、初中二年级、高中二年级，“对他”诚实情境约束评定标准得分最高的是高中二年级，以下依次是初中二年级、小学六年级、小学四年级、小学二年级。

3. 守信情境约束评定标准的年龄特征

我国儿童、青少年守信情境约束评定标准的高峰依旧出现在小学四年级，以下依次是小学二年级、小学六年级、高中二年级、初中二年级。尽管到了初中二年级，青少年守信情境约束的评定标准出现反弹，但是高中二年级、初中二年级与小学六年级三个年级之间均未呈现显著差异。从小学二年级到小学四年级，学生守信情境约束评定标准处于相对稳定状态，既没有明显的上升，也没有显著下降。自小学四年级到初中二年级，学生守信情境约束评定标准呈现明显下降势头，高中二年级的小幅反弹并未改变整体的下降态势。

表 48　不同年级儿童、青少年守信情境约束评定标准差异比较

年级	小学二年级	小学四年级	小学六年级	初中二年级
小学四年级	0.02821			
小学六年级	−0.05437	0.08258**		
初中二年级	−0.11765**	−0.14586**	−0.06328	
高中二年级	−0.05684	−0.08505**	−0.00246	0.06081

注：该题项有 221 个缺失值

** 表示 t 检验结果在 0.01 水平上表现为差异显著，* 表示 t 检验结果在 0.05 水平上表现为差异显著

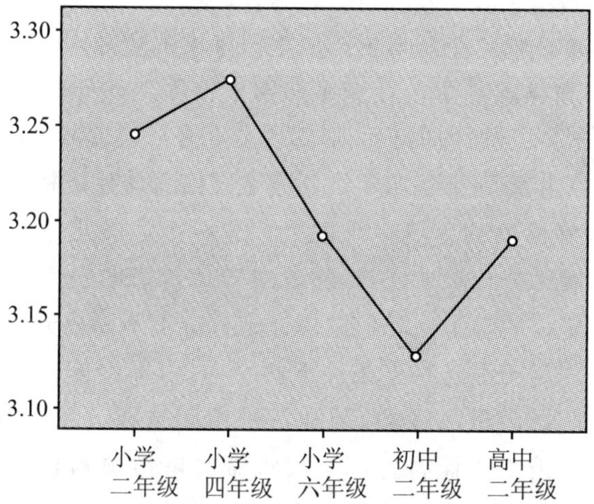

图 19　儿童、青少年守信情境约束评定标准发展趋势图

在考查我国儿童、青少年守信行为评定标准时，我们巧妙设置了两种类型的情境约束场景，分别研究群体内部其他成员的守信表现对被试守信行为选择的影响和群体环境中监督力量的强弱对被试守信行为选择的影响。群体内部其他成员的守信表现不仅构成个体对其所处群体守信水平的重要评定依据，而且直接影响个体对自身及他人守信行为发生可能性的推断和决定。与此同时，外

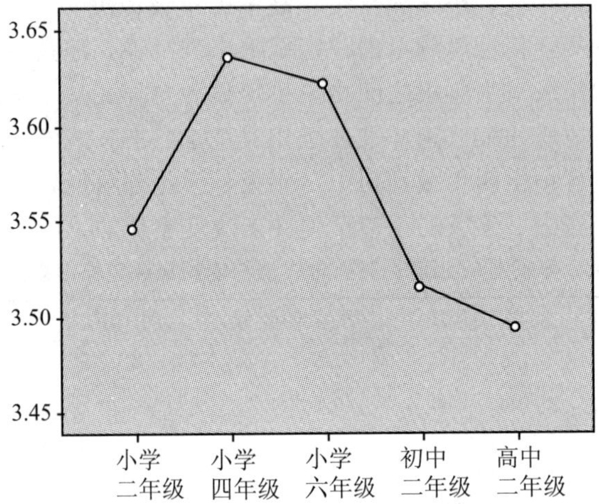

图 20　儿童、青少年守信评定标准发展趋势图

界监督力量的强弱决定着个体对守信成本与违规机会成本的权衡结果，从而影响个体对自身和他人守信行为的预期和选择。

对照我国儿童、青少年在情境约束单一维度上守信评定标准发展特点的年龄曲线(见图 19)和我国儿童、青少年在四个维度上的守信评定标准的年龄曲线(见图 20)，我们发现两图的折线形状明显存在三处差异。

其一，小学二年级到小学四年级，学生守信总体评定标准呈现明显上升趋势(见图 20)，而在情境约束单一维度上，这一年龄段儿童的守信评定标准并未呈现明显的发展态势(见图 19)。随着对守信价值的日趋理解和重视，小学二年级至小学四年级的学生在守信总体评定标准上不断提升，是符合逻辑和日常经验的。但是，对于情境约束条件下两个向度(即群体内部其他成员守信表现，群体环境中监督力量的强弱)的守信推断和选择，无论对于小学二年级，还是对于小学四年级学生而言，都是很难做出理性预测和成本核算的复杂问题。在这种情况下，小学四年级学生与小学二年级学生大致相似地人为排除外界情境中诸多因素的影响和干扰，机械地依据成年教育者对他们提出的守信要求来预测自己和他人的守信行为。

其二，自小学四年级到小学六年级，学生守信总体评定标准高居五个年级的最高水平，而且保持平稳态势(见图 20)，但在情境约束单一维度上，这一年龄段儿童的守信评定标准却呈现明显下滑趋势，而且这种下滑一直持续到初中二年级(见图 19)。由此可见，随着年级的升高，小学四年级至初中二年级学生的守信行为选择更多地以群体内部其他成员的守信表现和群体环境中监督力量为参照，这一阶段小学生的守信评定标准来自外部社会控制的特征比其他年龄段的学生更加明显。我们认为，小学四年级以后，直到初中二年级是儿童、青少年同伴交往需求比较强烈的时期，他们很可能把守信行为视为获得同伴认可或者赞许的途径。这样一来，群体内部其他成员的守信状况直接影响他们对于自身守信行为的预期。在守信自律尚未形成的情况下，当他们做出周围同伴大多不守信的感知和判断时，一方面他们会担心自己的守信行为遭到绝大多数不守信同伴的排斥，另一方面他们在不守信情境中又可以获得额外的利益(比如考试抄袭可以提高考试分数)。这就使得小学四年级之后，直至初中二年级，儿童、青少年守信情境约束评定标准明显下降。

其三，自初中二年级到高中二年级，学生守信总体评定标准未呈现明显变化(见图 20)，但在情境约束单一维度上，这一年龄段青少年的守信评定标准却出现小幅反弹(见图 19)。尽管两图中曲线的形状差异明显：在情境约束单一维度的守信评定标准(见图 19)中，初中二年级至高中二年级区间曲线呈上翘的形状，而在包括四个维度的守信评定标准(见图 20)中，初中二年级至高中二年级区间曲线呈平缓下降的形状，但是初中二年级与高中二年级守信情境约束评定标准的平均分没有统计学意义上的显著差异(见表 48)，因此我们仍然可以认定高中二年级青少年在守信行为判断和选择上，尚未从根本上摆脱来自外部社会的影响，守信自律远未形成。

4. 不同年级学生“对己”与“对他”守信情境约束评定标准的差异比较

在守信情境约束方面，除高中二年级学生“对己”与“对他”评定标准差异不显著之外，其他四个年级学生“对己”的评定标准都显著高于“对他”的评定标准。这一结果与诚实情境约束的研究结果完全一致，但却与我们前面得出的结论，即儿童、青少年“对他”守信评定标准高于“对己”守信评定标准不一致。

这一结果可能与我们在调查问卷中把考试场景作为考查被试守信情境约束评定标准的题项有一定的关联。考试是我国儿童、青少年再熟悉不过的表征群体环境中监督力量的典型事件，与此同时，考试又关涉守信成本与抄袭风险成本的利益权衡，考试的严肃性使得遵守考规考纪上升到社会法律规定的层面。以是观之，在以考试场景作为主要题项的守信情境约束维度下，我国儿童、青少年做出“对己”守信评定标准明显高于“对他”守信评定标准的选择，具有一定的合理性。统计结果显示，高中二年级学生守信情境约束维度下“对己”与“对他”评定标准无差异。我们在考试场景下很容易理解这一结果的合理性，五个年级中，距离人生最具重大意义的考试——高考最近的高中二年级学生表达了他们对高考中公平竞争的强烈诉求。

表 49　不同年级儿童、青少年“对己”与“对他”守信情境约束评定标准差异比较

年级	人数	对己守信情境约束		对他守信情境约束		γ值
		M	SD	M	SD	
小学二年级	1054 人	3.3686	0.91938	3.1248	0.84723	7.147**
小学四年级	1155 人	3.4446	0.79342	3.1052	1.03553	9.732**
小学六年级	1131 人	3.3086	0.80913	3.0760	0.73440	8.146**
初中二年级	1116 人	3.2101	0.76174	3.0479	0.75447	5.456**
高中二年级	1147 人	3.1866	0.63395	3.1931	0.62731	−0.279

注：该题项有 221 个缺失值

** 表示 t 检验结果在 0.01 水平上表现为差异显著

表 49 分别列出了小学二年级、小学四年级、小学六年级、初中二年级、高中二年级学生“对己”守信情境约束和“对他”守信情境约束评定标准的均数、标准差以及两者的差异比较。从表中数据可知，除高中二年级学生“对己”与“对他”守信情境约束评定标准差异不显著之外，其他四个年级学生“对己”守信情境约束的评定标准明显高于“对他”守信情境约束的评定标准。“对己”守信情境约束评定标准得分最高的是小学四年级，以下依次是小学二年级、小学六年级、初中二年级、高中二年级。“对他”守信情境约束评定标准得分最高的是高中二年级，以下依次是小学二年级、小学四年级、小学六年级、初中二年级。

5. 不同年级儿童、青少年诚实与守信情境约束评定标准之比较

我国儿童、青少年诚实情境约束的评定标准明显高于守信情境约束的评定标准，两者的峰值均出现在小学四年级。

由图 21 可知，我国儿童、青少年在情境约束单一维度下诚实评定标准远远高于守信评定标准，这一结果与前文中我国儿童、青少年在利益预期和频率维度上诚实评定标准明显高于守信评定标准相吻合。我们在前文中已进行了详尽的成因分析，在此不再赘述。

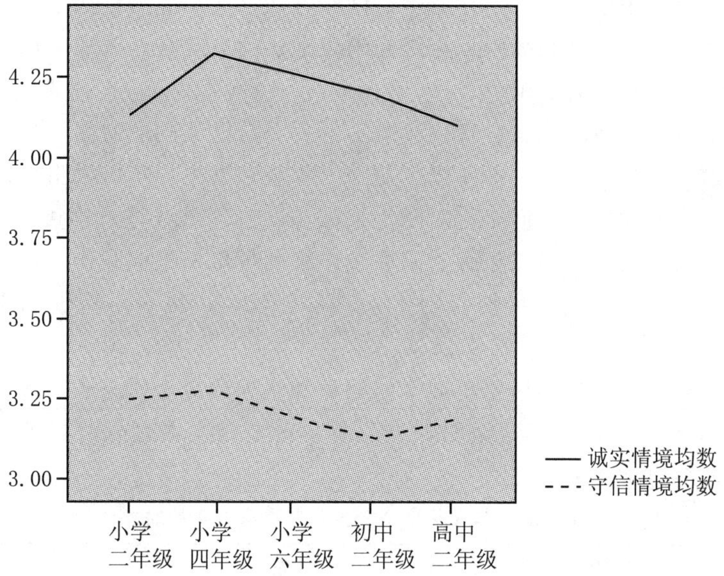

图 21　不同年级儿童、青少年诚实与守信情境约束均数比较图

注：上面一条线为儿童、青少年诚实情境约束评定标准年级发展曲线，下面一条线为儿童、青少年守信情境约束评定标准年级发展曲线。

(六)中国儿童、青少年诚信对象的年级差异

1. 关于不同年级儿童、青少年诚实对象的研究

我们通过“在日常生活中，你更愿意对哪些人诚实？请按‘最愿意’到‘最不愿意’排序”和“你认为哪些人应该对你更诚实？请按‘最该诚实’到‘可以不诚实’排序”调查我国儿童、青少年诚实对象的认知特点。上述两个题目中供排序的选项均包括家人(父母、兄弟姐妹、叔叔、舅舅等)、陌生人、朋友、同学、老师，结果发现不同年级儿童、青少年在诚实对象选择上呈现如下四个方面的特点。

第一，家人(父母、兄弟姐妹、叔叔、舅舅等)既是不同年级儿童、青少年最愿意诚实的对象，也是不同年级儿童、青少年认为最应该对之诚实的群体。

第二，儿童、青少年对于老师和朋友的诚实意愿以及对于这两类群体应该对他们诚实的期望都随年级的升高而发生着变化。具体而言，小学二年级和小学四年级学生把老师作为仅次于家人的第二位愿意诚实的对象，从小学六年级开始直至高中二年级，学生转而把朋友作为仅次于家人的第二位愿意诚实的对

象。三个年级的小学生均认为在对自己诚实方面，老师应当仅次于家人，排在第二位；而初中二年级和高中二年级的学生则认为在对自己诚实方面，朋友应当仅次于家人，排在第二位。

第三，五个年级的儿童、青少年既不愿意对自己的同学诚实，也不期望同学对自己诚实。其中，小学四年级、初中二年级和高中二年级学生把同学列为最不愿意诚实的对象，他们宁肯对陌生人诚实，也不愿意对同学诚实。小学二年级、小学四年级、初中二年级、高中二年级的学生又把同学作为最可以对自己不诚实的群体，他们宁可期望陌生人对自己诚实，也决不奢求同学对自己诚实。

第四，儿童、青少年最愿意诚实的对象和认为最应该对自己诚实的对象之间的排序基本保持一致。这说明，当儿童、青少年要求对方对自己诚实的同时，也有对对方诚实的意愿。

表 50　不同年级儿童、青少年最愿意诚实的对象

年级	家人		老师		朋友		同学		陌生人	
	人数	频率	人数	频率	人数	频率	人数	频率	人数	频率
小学二年级	663 人	63.4%	301 人	28.8%	57 人	5.4%	15 人	1.4%	10 人	1.0%
小学四年级	710 人	59.9%	280 人	23.6%	135 人	11.4%	23 人	1.9%	37 人	3.2%
小学六年级	669 人	57.4%	206 人	17.7%	214 人	18.4%	40 人	3.4%	36 人	3.1%
初中二年级	537 人	46.7%	106 人	9.2%	430 人	37.4%	33 人	2.9%	44 人	3.8%
高中二年级	660 人	57.7%	51 人	4.5%	325 人	28.4%	17 人	1.5%	90 人	7.9%
合计	3239 人	56.93%	944 人	16.59%	1161 人	20.41%	128 人	2.25%	217 人	3.82%

注：该调查中，小学二年级学生有 45 个缺失值，小学四年级学生有 13 个缺失值，小学六年级学生有 19 个缺失值，初中二年级学生有 15 个缺失值，高中二年级学生有 43 个缺失值。频率栏计算的是首选人数占所在年级总人数的百分比

从表 50 中可以看出，无论处在哪一个年级的儿童、青少年，都首选把家人(父母、兄弟姐妹、叔叔、舅舅等)作为最愿意诚实的对象。在五类对象群体(家人、老师、朋友、同学、陌生人)中，五个年级的儿童、青少年不约而同地把同学和陌生人作为最不愿意诚实的两类对象。相对而言，孩子们对于老师和朋友的诚实意愿却随着年级的增长而发生了变化：小学二年级和小学四年级学生把老师作为仅次于家人的第二位愿意诚实的对象，从小学六年级开始一直到高中二年级，学生转而把朋友作为仅次于家人的第二位愿意诚实的对象。值得注意的是，到了高中二年级，选择愿意对陌生人诚实的学生反倒比选择愿意对

老师诚实的学生还多了3.4个百分点。

表51 不同年级儿童、青少年对哪些人应该对自己最诚实的选择

年级	家人		老师		朋友		同学		陌生人	
	人数	频率	人数	频率	人数	频率	人数	频率	人数	频率
小学二年级	626人	58.8%	312人	29.3%	61人	5.7%	23人	2.2%	43人	4.0%
小学四年级	693人	58.6%	265人	22.4%	138人	11.7%	31人	2.6%	55人	4.7%
小学六年级	708人	60.7%	196人	16.8%	189人	16.2%	39人	3.4%	34人	2.9%
初中二年级	644人	56.4%	145人	12.7%	315人	27.6%	16人	1.4%	22人	1.9%
高中二年级	691人	60.7%	77人	6.8%	307人	27.0%	18人	1.6%	46人	3.9%
合计	3362人	59.05%	995人	17.47%	1010人	17.74%	127人	2.23%	200人	3.51%

注：该调查中，小学二年级学生有26个缺失值，小学四年级学生有16个缺失值，小学六年级学生有18个缺失值，初中二年级学生有23个缺失值，高中二年级学生有47个缺失值。频率栏计算的是首选人数占所在年级总人数的百分比

从表51中可以看出，无论处在哪一个年级的儿童、青少年，都首选家人(父母、兄弟姐妹、叔叔、舅舅等)应该对自己更诚实。当被问到五类对象群体(家人、老师、朋友、同学、陌生人)中，哪一类应该对自己更诚实的问题时，除了小学六年级学生之外，其他四个年级的儿童、青少年均把同学排在倒数第一位，把陌生人列于倒数第二位。也就是说，在小学二年级、小学四年级、初中二年级和高中二年级学生看来，陌生人应当比同学对自己更诚实。就老师和朋友谁应该对自己更诚实的问题，不同年级的学生看法不尽相同。三个年级的小学生均认为在对自己诚实方面，老师应当仅次于家人，排在第二位；而初中二年级和高中二年级的学生则认为在对自己诚实方面，朋友应当仅次于家人，排在第二位。

2. 关于不同年级儿童、青少年守信对象的研究

我们通过“你认为哪些人应该对你更守信？请按‘最该守信’到‘可以不守信’排序”和“在日常生活中，你更愿意对哪些人守信(说话算数，不违约)？请按‘最愿意’到‘最不愿意排序’”两个题目调查我国儿童、青少年守信对象的认知特点。具体研究思路与不同年级儿童、青少年诚实对象研究相似，结果如下。

(1)家人(父母、兄弟姐妹、叔叔、舅舅等)既是不同年级儿童、青少年最愿意守信的对象，也是不同年级儿童、青少年认为最应该对之守信的群体。

(2)儿童、青少年对于老师和朋友的守信意愿以及对于这两类群体应该对

他们守信的期望都随年级的升高而发生着变化。具体而言，小学二年级和小学四年级学生把老师作为仅次于家人的第二位愿意守信的对象，从小学六年级开始直至高中二年级，学生转而把朋友作为仅次于家人的第二位愿意守信的对象；三个年级的小学生均认为在对自己守信方面，老师应当仅次于家人，排在第二位；而初中二年级和高中二年级的学生则认为在对自己守信方面，朋友应当仅次于家人，排在第二位。

儿童、青少年对于老师和朋友的守信意愿以及对于这两类群体应该对他们守信的期望与儿童、青少年对于老师和朋友的诚实意愿及对于这两类群体应该对他们诚实的期望的年级变化趋势完全相同。

(3)五个年级的儿童、青少年既不愿意对自己的同学守信，也不期望同学对自己守信。其中，小学四年级、小学六年级、初中二年级、高中二年级学生把同学列为最不愿意守信的对象，他们宁肯对陌生人守信，也不愿意对同学守信。五个年级的中小学生都把同学作为最可以对自己不守信的群体，他们宁可期望陌生人对自己守信，也决不奢求同学对自己守信。

(4)儿童、青少年最愿意守信对象的排序依次是：家人、朋友、老师、陌生人、同学，儿童、青少年认为最应该对自己守信对象的排序依次是：家人、老师、朋友、陌生人、同学。总体而言，在我国儿童、青少年看来，老师应该比朋友对他们更守信，但是他们对朋友守信的意愿却明显高于对老师守信的意愿。

表 52　不同年级儿童、青少年最愿意守信的对象

年级	家人		老师		朋友		同学		陌生人	
	人数	频率	人数	频率	人数	频率	人数	频率	人数	频率
小学二年级	672 人	63.1%	290 人	27.2%	76 人	7.1%	18 人	1.7%	9 人	0.9%
小学四年级	707 人	61.1%	255 人	22.0%	139 人	12.0%	22 人	1.9%	34 人	3.0%
小学六年级	689 人	60.7%	162 人	14.3%	223 人	19.6%	29 人	2.6%	32 人	2.8%
初中二年级	550 人	49.2%	88 人	7.9%	403 人	36.0%	35 人	3.1%	43 人	3.8%
高中二年级	675 人	59.8%	45 人	4.0%	295 人	26.2%	37 人	3.3%	76 人	6.7%
合计	3293 人	58.76%	840 人	14.99%	1136 人	20.27%	141 人	2.52%	194 人	3.46%

注：该调查中，小学二年级学生有 26 个缺失值，小学四年级学生有 41 个缺失值，小学六年级学生有 49 个缺失值，初中二年级学生有 46 个缺失值，高中二年级学生有 58 个缺失值。频率栏计算的是首选人数占所在年级总人数的百分比

从表 52 中可以看出，无论处在哪一个年级的儿童、青少年，都首选把家

人(父母、兄弟姐妹、叔叔、舅舅等)作为最愿意守信的对象。在五类对象群体(家人、老师、朋友、同学、陌生人)中，五个年级的儿童、青少年把同学和陌生人作为最不愿意守信的两类对象的看法不谋而合。

相对而言，孩子们对于老师和朋友的守信意愿却随着年级的增长而发生明显的变化：小学二年级和小学四年级学生把老师作为仅次于家人的第二位愿意守信的对象。从小学六年级开始一直到高中二年级，儿童、青少年转而把朋友作为仅次于家人的第二位愿意守信的对象。值得注意的是，小学二年级选择最愿意对老师守信的学生比选择最愿意对陌生人守信的学生多了26.3个百分点，而到了高中二年级，选择最愿意对陌生人守信的学生反倒比选择最愿意对老师守信的学生还多了2.7个百分点。

表53 不同年级儿童、青少年对哪些人应该对自己最守信的选择

年级	家人		老师		朋友		同学		陌生人	
	人数	频率	人数	频率	人数	频率	人数	频率	人数	频率
小学二年级	617人	57.7%	314人	29.3%	65人	6.1%	25人	2.3%	49人	4.6%
小学四年级	696人	59.5%	259人	22.2%	122人	10.4%	30人	2.6%	62人	5.3%
小学六年级	694人	60.7%	203人	17.7%	183人	16.0%	30人	2.6%	34人	3.0%
初中二年级	636人	56.4%	152人	13.5%	277人	24.6%	27人	2.4%	36人	3.1%
高中二年级	646人	57.2%	109人	9.7%	290人	25.7%	23人	2.0%	61人	5.4%
合计	3289人	58.32%	1037人	18.39%	937人	16.61%	135人	2.39%	242人	4.29%

注：该调查中，小学二年级学生有21个缺失值，小学四年级学生有29个缺失值，小学六年级学生有40个缺失值，初中二年级学生有37个缺失值，高中二年级学生有57个缺失值。频率栏计算的是首选人数占所在年级总人数的百分比

从表53中可以看出，无论处在哪一个年级的儿童、青少年，都认为家人(父母、兄弟姐妹、叔叔、舅舅等)最应该对自己守信。特别值得注意的是，五个年级的中小学生均把同学视为最不应该对自己守信的群体。5640名(缺失值有184个)对该问题有效作答的儿童、青少年中，选择陌生人应该对自己最守信的有242人(占4.29%)，而选择同学应该对自己最守信的却只有135人(占2.39%)，由此可见他们宁肯期望陌生人对自己守信，也不指望同学对自己守信。

3. 中国儿童、青少年诚实与守信对象研究的基本结论与理据分析

其一，家人(父母、兄弟姐妹、叔叔、舅舅等)既是当前我国处于不同年级的儿童、青少年最愿意诚实和守信的对象，也是我国中小学生认为最应该对之

诚实和守信的群体。

西方学者 Hosmer L T. 在研究人类的诚信行为时发现，“诚信是个体面临‘预期的损失大于预期的收益’这样一个无可预料事件时，所做出的一种带有风险性的行为选择”[①]。人们不禁会问：既然诚信需要冒风险，那么人类为什么还要选择诚信？又一位西方学者尼克拉斯·卢曼对此做出了令人信服的解答。原来人与人之间的交往活动非常复杂，如果每次都要逐一核实我们得到的信息是否真实可靠，那么就会占用我们大量的心理资源，使人时刻感到心理负担沉重不堪，做事毫无效率可言。“人与人之间相互信任、彼此诚信其实是对生活复杂性的有效简化，通过信任与诚信，人们便能够在已有信息的基础之上概括出对未来的一种较为可靠的预期，从而保障交往活动的顺畅进行。为了降低行为选择的风险，交往过程中人们必须最大程度确保对方信息的真实性，从而提高对未来事件预期的准确性。”[②]

那么，我们应该首先选择同哪些人建立诚信和信任关系呢？在众多对象群体中，家人以其熟悉程度高，便于进行交往预期，又因其在某种程度和某些方面上与我们的利益具有一致性关联等诸多优势，最容易被选作个体的诚信对象和信任群体。社会心理学领域的大量研究表明，信任程度与人际关系的密切程度成正比，具体而言“两人生活经验愈重叠或两人对对方生活经验知道得愈多，关系就愈亲密，双方的信任就愈多”。[③] 1993 年，张建新等人选取北京大学、香港中文大学、美国伊利诺大学本科生为被试，运用人际信任行为量表测量三个地区大学生对“亲人”“熟人”“陌生人”三个群体中具体人物的信任程度。结果发现：“来自不同地区的三组大学生对亲人群体信任没有差异，且对亲人的信任远远高于对熟人和陌生人的信任。”[④]

在中国，人们愿意选择对具有血缘关系的亲人群体加以信任、施以诚信，还有其特殊的文化渊源。大量中国学者研究发现，中国传统文化一脉传承的

---

① Hosmer L T. *Trust. The Connection Link between Organizational Theory and Philosophical Ethics*. Academy of Management Review，1995(2).

② ［德］尼克拉斯·卢曼：《信任：一个社会复杂性的简化机制》，瞿铁鹏、李强译，上海，上海世纪出版集团，2005。

③ 杨中芳、彭泗清：《中国人人际信任的概念化：一个人际关系的观点》，载《社会学研究》，1999(2)。

④ 张建新、Michael H. Bond：《指向具体人物对象的人际信任：跨文化比较及其认知模型》，载《心理学报》，1993(2)。

"诚信"出于礼教，重在感化。陈丽君、王重鸣认为："自儒家强调重义后，诚信的初始理念更多地被淹没在以人伦等级与亲情距离为基础的仁义或理义的伦理观念中，致使中国传统社会所强调和形成的信任始终未能从根本上超脱家庭、亲情、义气和熟人的特殊主义限阈。"①西方学者韦伯也认为中国人的信任是"建立在亲戚关系或亲戚式的纯粹个人关系上面的，是一种凭借血缘共同体的家族优势和宗族纽带而得以形成和维系的特殊信任"②。李伟民、梁玉成于2000年对广东省7个城市的2003位居民进行的调查研究，佐证了中国人的诚信交往在相当程度上以血缘家族关系为基础的论断。他们发现："中国人所信任的人群以血缘家族关系的亲属家庭成员为主，同时也包括不具有血缘家庭关系却有着亲密关系、置身于家族成员之外的亲朋密友，其中家庭成员得到的信任程度最大。"③

由此可见，我国儿童、青少年既愿意首选家人作为他们诚信的对象，又认为家人最应当对他们诚信，此项调查结果完全符合中国人人际信任和诚信交往的文化传统与既定事实。当前我国儿童、青少年首选家人进行诚信交往的主观意愿正是他们进行理性判断以及中国社会文化长期濡染和浸润的客观结果。

其二，当前我国处于不同年龄阶段的儿童、青少年都在观念上承认他们既不愿意对自己的同学诚实和守信，也不期望他们的同学对自己诚实和守信。

对于这一现象的解释分析，我们需要先从"诚信"与"信任"的关系论起。我们在前面已经提到，诚信的内涵就是诚实守信，信任是在人际交往中对交往对象的一种预期及信念。在儒家思想中，"诚信"是为人"信任"的充分必要条件，"儒家以对人潜在美德的道德力量的相信为基本信念，来启动人际交往中相互信任的循环锁链：先由自己诚信来取得对方的信任，然后对方才会以诚信回报，从而自己才产生对对方的信任。"④然而现实社会生活并非如此理想，当大部分人的道德修养尚未进入"至善"境界时，两个人的交往难免要花费大量时间来确认对方的诚信程度，以决定自己是否可以信任对方，并用诚信报以反馈。

① 陈丽君、王重鸣：《中西方关于诚信的诠释及应用的异同与启示》，载《哲学研究》，2002(8)。

② [德]马克斯·韦伯：《儒教与道教》，王容芬译，北京，商务印书馆，1995。

③ 李伟民、梁玉成：《特殊信任与普遍信任：中国人信任的结构与特征》，载《社会学研究》，2002(3)。

④ 杨中芳、彭泗清：《中国人人际信任的概念化：一个人际关系的观点》，载《社会学研究》，1999(2)。

"从社会生活本身的逻辑而言，只有你对他人有足够的信任，才会对他人表现出充分的'诚信'，'信任'成为'诚信'的必要条件。那么，你凭什么'信任'他人？这就要求他人表现出足够的'诚信'，而人同此心、心同此理，他人表现'诚信'又必须以对你的'信任'为条件，他人信任你又得以你的诚信为基础。这样一来，又绕进了一个死循环。"①

现实生活中，走出这个死循环的唯一突破口便是"人际关系网"。如前所述，信任是个体在超越现有信息基础上概括出来的一些行为预期，它本身固有一定的风险性。要补足两个人现有状况中所缺失的信息，确保行为预期的安全性，就必须以彼此的熟悉度和亲密关系作为保障。在人际关系网中，一个"亲"字消解了人们种种信任的担忧，俗话说"打架要靠亲兄弟，上阵还得父子兵"讲的也是这个道理。在二人交往中，只有彼此建立了牢固的信任关系，亦即双方形成了彼此能够履行对方所托付之义务及责任的保障感之后，互相诚信才可能发生。

跟着又来了一个问题，人际关系的亲密状态是如何衍生和发展起来的，处于不同亲密程度的人际关系与交往中的信任和诚信又呈现一种怎样的对应形态？杨中芳、彭泗清构建的人际关系与人际信任模型为我们清晰解答了这个疑惑。② 在人际关系初期的"既定阶段"，一个人是否老老实实地按照内含于其对应角色的义务及责任去做，便成为判断该人是否值得信任的主要因素。接下来就进入了"工具阶段"，在这一阶段中，一个人是否有诚意进入相互满足对方需求的工具交换活动中，是否能够表现得不完全自私地只顾剥削对方，是否能够为对方的利益着想、相互礼让，成为判断该人是否值得进一步信任的重要指标。最后，进入"感情阶段"，一个人是否能够忠心地无条件地关心、照顾、帮助对方，是否甘愿放弃、牺牲自身利益不求回报地为对方服务，成为该阶段衡量这个人是否值得信任的重要依据(见表 54)。由此，"人际关系作为一个信任指标，可以在人际交往中，依关系之不同阶段而给予不同性质的信任。"③

---

① 杨中芳、彭泗清：《中国人人际信任的概念化：一个人际关系的观点》，载《社会学研究》，1999(2)。

② 杨中芳、彭泗清：《中国人人际信任的概念化：一个人际关系的观点》，载《社会学研究》，1999(2)。

③ 杨中芳、彭泗清：《中国人人际信任的概念化：一个人际关系的观点》，载《社会学研究》，1999(2)。

表 54　人际关系与人际信任及诚信行为阶段列表

人际关系成分	信任来源	所需之诚信	表现诚信之行为	关系/信任进展
既定成分	角色义务之履行	老实	依礼而行	知根知底
工具成分	互惠/人情义务之履行	诚意	有条件地付出，但不会只争取自己最大利益	知人知面
感情成分	互助/奉献义务之履行	诚心	无条件付出，必要时牺牲自身利益	知己知心

依据人际关系与人际信任的理论，我们把问题逆转过来思考，被调查的中小学生都不同程度地流露出不愿意对同学诚信，也不期望同学对自己诚信，那么我们可以推知当前我国儿童、青少年在与同学的交往中很可能存有潜在的信任危机。

国内关于中小学生人际信任的调查研究并不多见，但在为数不多的研究中，我们无一例外地发现我国学生人际信任水平较低的迹象。龚金国、龙伟运用因子分析的方法研究初中生和高中生人际信任问题，发现初、高中“学生对好朋友以外的其他同学和班干部表现出了一定的信任缺失”①。SU Ti-ping 研究发现：“中美两国大学生在人际交往中，美国的学生比中国的学生表现出更高的信任水平。”②2006 年，井维华、张庆强在山东省曲阜市选取初中二年级学生 95 人、中专二年级学生 96 人、大学二年级学生 95 人，运用 Rotter J. B 的人际信任量表对初中生、中专生、大学生的人际信任度进行调查研究，结果发现：“大、中学生在总量表和各分量表上的平均得分低于理论水平，且差异达到了显著性水平。”③这说明调查样本中的大学生、中专生、初中生人际信任程度普遍偏低，而且显著低于常态水平。通过研究，井维华等人还发现，“随着年级的升高，学生的人际信任水平逐渐下降。大学生的人际信任度低于中专生，中专生的人际信任度低于初中生。从初中到大学不同类型学校学生的人际

① 龚金国、龙伟：《因子分析在中学生人际信任分析中的应用》，载《统计与信息论坛》，2005(1)。

② 孔繁昌、周宗奎：《青少年人际信任发展的影响因素研究述评》，载《社会心理科学》，2008(3-4)。

③ 井维华、张庆强：《青少年学生的人际信任度与家庭因素的相关研究》，载《心理学探新》，2006(2)。

信任水平的降低存在显著差异，表现在量表总分及对社会角色和社会现象的信任、对与己无关者的信任两个分量表上，仅在对关系亲近者的信任水平上差异不显著”。[①] 此外，井维华等人收集的研究数据还显示调查样本中，大学生、中专生、初中生的人际信任水平与20世纪末相比有大幅下滑趋势。尽管该研究结果受取样数量的影响，但这一结果却不能不引发我们对我国学生人际信任问题的关注。[②] 我们找到一位高中二年级女同学进行访谈，从下面一段访谈记录中，读者便可以窥见中学生人际交往中的不信任。

对高中二年级学生的现场访谈

研究者：我做了个调查，发现高中二年级学生宁愿跟陌生人讲真话也不愿意跟同学和老师讲真话。你认为这个调查结果符合事实吗？

受访者：我认为这个结果挺符合我们高中二年级学生的情况。你在网上可以跟不认识的人讲QQ，什么话都能说，反正他也不知道你是谁。可是你要跟同学讲个小秘密，第二天全班同学都知道了。我们同学都是“大喇叭”——爱传别人闲话。有时候我也是，要是班里有同学穿与众不同的漂亮衣服了，几个女同学会聚在一起议论她。其实他们男同学之间也都互相背后讲坏话。

研究者：是不是因为学校的学习竞争太激烈，彼此把对方当成竞争对手了，所以有点关系紧张，彼此不诚信？

受访者：有一部分原因吧，我们班有的同学会把其他同学当竞争对手，不说实话。我一个好朋友姗姗就是这样，她回家使劲儿学习，但从来不承认，连我她也不说真话，可是我从来没把别人当成竞争对手。现在学习竞争没那么激烈了，初中毕业后，大家都能上高中，就是学校有点差别；大学现在也都能读上。我觉得主要是同学之间不信任。至于为什么会不信任，我也说不清楚，可能有攀比、嫉妒的因素。我上小学五年级的时候当了全校的大队长，我们班同学居然在背后说我这官儿是买的。有时候我自己也说别人，我们初中校长家的孩子学习很好，我们都不说她学习好，只说她素质一般，就是她爸爸给找老师补课补出来的。

研究者：那你们为什么不愿意跟老师讲真话呢？

受访者：老师，你没法相信。他就是个“特务头子”。全班五六十人，不管

---

① 井维华、张庆强：《青少年学生的人际信任度与家庭因素的相关研究》，载《心理学探新》，2006(2)。

② 井维华、张庆强：《青少年学生的人际信任度与家庭因素的相关研究》，载《心理学探新》，2006(2)。

哪个同学出点啥事儿，都甭想瞒得过他。

我们认为，当前我国儿童、青少年普遍在观念上不愿意对他们的同学诚信，也不希望同学对他们诚信，这种现象很可能与现阶段我国中小学生在学校教育环境中人际信任水平偏低有关。人际信任已经成为个体社会适应能力的关键性标志，大量研究一致表明“较高水平的人际信任可以使个体获得更多的社会支持，建立长久稳固的亲情、友情、爱情关系”①。看来，提高我国中小学生的人际信任水平问题不仅关涉儿童、青少年身心的健康成长，更是对他们诚信品质进行有效培育的重要途径。

其三，我国儿童、青少年对老师和朋友的诚实与守信意愿以及对这两类群体应该对他们诚实和守信的期望都随年级的升高而发生变化。具体而言，小学二年级和小学四年级学生把老师作为仅次于家人的第二位愿意诚实和守信的对象，从小学六年级开始直至高中二年级，学生转而把朋友作为仅次于家人的第二位愿意诚实和守信的对象；三个年级的小学生均认为在对自己诚实和守信方面，老师应当仅次于家人，排在第二位；而初中二年级和高中二年级的学生则认为在对自己诚实和守信方面，朋友应当仅次于家人，排在第二位。

美国学者科尔伯格在他所创建的道德认知发展阶段理论中诠释了在儿童道德成长早期，长辈权威对他们道德判断影响巨大的主要原因。长辈群体一方面扮演着儿童道德行为的示范者，另一方面又充当着他们道德表现的评判官。儿童会因为避免惩罚而克服自己的违规行为，也会为了赢得成人教育者“好孩子”的赞誉而朝着他们的期望不断努力。绝大多数小学二年级和小学四年级学生愿意对以家长和教师为代表的长辈权威表现诚实和守信，这完全符合他们道德判断的真实发展水平。由于诚实和守信是主流社会文化长期以来一贯倡导的道德行为准则，处于前习俗水平和“好孩子”道德认知阶段的小学二年级和四年级学生自然期望成人教育者能够以身作则地为他们展示践行诚信道德的典范事例。随着个体认知水平的提高和道德经验的丰富，在道德判断方面，他们对长辈权威的依赖性日趋降低。在逐渐向以社会制度和良心维持为重要特征的道德认知阶段过渡的过程中，儿童、青少年开始尝试构建自身关于诚信道德的朴素认识。他们的诚信表现从机械、盲目地服从长辈权威转变为依据对方的角色地位和可信任状况而有选择地践行诚信。

① 孔繁昌、周宗奎：《青少年人际信任发展的影响因素研究述评》，载《社会心理科学》，2008(3-4)。

我们认为，进入小学高年级和初、高中阶段，绝大多数学生不愿意对老师诚实和守信，对老师对他们诚实和守信的期望也有所下降，主要有如下两方面的原因。

首先，学生与教师之间的角色地位的天然不对等，成为绝大多数小学高年级学生和初、高中生不愿对老师诚实和守信的客观原因。

"在教师与学生组成的人际环境中，教师是社会高位者，学生是社会低位者，教师的言行比学生的言行有更大程度的自由权和支配权。教师往往会强制学生改变自己的决定，而学生则无法用同样的办法迫使教师改变初衷。即便是民主作风再强的教师，也不可能使学生从心理上完全消除师生之间的社会距离。"①作为教育活动中泾渭分明的两个群体——教师与学生，他们的社会学特征几乎完全相背，是一对互为异质的成员。故此，教师与学生之间便难以形成共同的群属感。"教师与学生之间存在着距离、甚至有时是双方有意无意地在自己与对方之间保持着社会距离……这样，不管是教师还是学生，都不可能将对方完全认同为'自己圈子里的人'，也不可能真正产生被对方所认同的内心需要。"②进入初、高中后的学生对师生之间角色地位的这种不对等有着更加强烈的认知，这样大部分中学生也就自然形成了不愿意对老师诚实和守信，对老师对他们诚实和守信的期望也有所下降的想法。

其次，教师与学生之间的人际信任状况直接影响和制约儿童、青少年对教师的诚信意愿。

教师与学生之间"并非因互相喜欢而自愿结合到一起，而是受外在力量的作用才'偶然相遇'到一起的"③，因此在师生交往中，只有学生首先在内心对教师建立了足够的信任，他们才可能形成对教师诚实和守信的意愿。如果师生之间的人际信任状况不佳，要使得那些自我意识日益增强的初、高中学生愿意对教师诚信，将十分困难。

国内关于中学生人际信任的研究频频显示初中生和高中生对教师的信任度普遍偏低。2001 年沃建中、林崇德等人在北京、河南、浙江、重庆、新疆五个地区的 20 所中学选取初中生和高中生 12200 人，采用自编"人际关系测验问卷"调查中学生人际关系的质量，结果发现："从初一直至高中阶段，学生与教

① 鲁洁、吴康宁：《教育社会学》，北京，人民教育出版社，1990。

② 鲁洁、吴康宁：《教育社会学》，北京，人民教育出版社，1990。

③ 鲁洁、吴康宁：《教育社会学》，北京，人民教育出版社，1990。

师的关系一直保持在一个较低的水平上。"[①]魏晓娅在对成、渝两地600名初一到高三学生的问卷研究中发现，初、高中学生在对好朋友、同学、老师、权威、父母等五类群体的信任方面存在显著差异，具体而言，"在对好朋友、权威、父母的信任上，高中生高于初中生；对同学及老师的信任上，初中生高于高中生"[②]。如果当前我国初中生和高中生对老师的信任度过低，那么他们形成对老师的诚信意愿低于对朋友的诚信意愿这样的观念便在常理之中。同时，从小学六年级开始，随着年级的升高，孩子们对老师诚信意愿的陡然下降也警示我们：在小学高年级和初、高中阶段，教师应当主动改善并提高与学生交往的人际信任度，否则师生之间的信任危机不但成为无法提高教育效果的隐患，而且必将成为儿童、青少年诚信品质健康发展的一大障碍。

其四，总体而言，我国儿童、青少年对老师诚实和守信的意愿都明显低于**他们对朋友诚实和守信的意愿，但是这些中小学生对老师诚实与守信的期望却不低于他们对朋友诚实与守信的期望，他们甚至认为老师应该比朋友对他们更加守信。**

这一研究结果与儿童、青少年对教师的角色期待有关。在教育活动中，教育者在对学生提出教育要求的同时，儿童、青少年也无时无刻不坚持着他们自身对于教师的人格品质的较为恒常的期待与要求。在教育实践中，尽管制度赋予教师以"权威"形象，但是如果教师的"权威"得不到学生的认可，教师所施加的影响对学生不具足够的威信甚至毫无威信的话，那么教师充其量就只是制度上、形式上权威的空架子。教师能否满足学生内心对之提出的"为人"之要求是其实现教育权威的重要途径。从这个意义上讲，儿童、青少年对教师人格品质的期待不仅具有客观存在的合理性，也值得引起教育者的充分重视。

国内关于学生对教师角色期待的系统研究并不多见，但有据可考的几项研究都显示我国儿童、青少年十分看重教师诚实与守信的"为人"品质。比如，1992年谭小谨、邓京华在进行"中小学生选择最有威信教师类型的比较研究"中发现，"从小学高年级起，学生对于教师在了解、理解、尊重、信任、公正"等方面的期望一直维持在较高水平上。[③] 20世纪80年代，我国学者谢千秋调查4415名中小学生心目中最喜欢教师的形象，发现孩子们把"负责任、守信

① 沃建中、林崇德等：《中学生人际关系发展特点的研究》，载《心理发展与教育》，2001(3)。

② 魏晓娅：《中学生人际信任的相关研究》，载《中小学心理健康教育》，2007(1)。

③ 鲁洁、吴康宁：《教育社会学》，北京，人民教育出版社，1990。

用”排在自己喜欢教师特征的第七位，把“说到做到”单独提出并列在第八位①。

可见，制度赋予教师教育权威的角色，从而引发儿童、青少年形成对教师人格品质的角色期待，在人格品质的众多方面，孩子们又特别关注教师的诚实与守信问题，这就导致当前我国中小学生对于老师诚实与守信的期望高于他们对朋友诚实与守信的期望。在我国儿童、青少年随年级增长对诚信价值认同水平却不断降低的不利发展状况之下，教师能否满足学生对他们提出的诚实与守信的“为人”品格的期望不但是教师形成现实的、实质的教育权威的重要过程，而且更是教师向儿童、青少年示范诚信品德从而切实提高中小学生对诚信价值认同程度的关键所在。

4. 不同年级儿童、青少年最会宽容的不诚实与不守信对象研究

我们通过如下两个题目调查我国儿童、青少年对不诚实与不守信主体的宽容意愿。“如果有人出现了对他人的说谎行为，作为旁观者，你会对哪些人表现出宽容？请按‘最会宽容’到‘最不会宽容’排序”“如果有人出现了对他人的不守信行为，作为旁观者，你会对哪些人表现出宽容？请按‘最会宽容’到‘最不会宽容’排序”上述两题用作排序的选项还是家人(父母、兄弟姐妹、叔叔、舅舅等)、陌生人、朋友、同学、老师。在数据分析的基础上，我们得出如下结论。

第一，五个年级的儿童、青少年都把家人作为最愿意宽容的不诚实或不守信行为的对象群体，又都把同学作为最不愿意宽容的不诚实或不守信行为的对象群体。

第二，随着年级的增长，选择最会宽容陌生人不诚实和不守信学生的比率一路攀升。

第三，与其他三个年级相比，小学二年级学生和高中二年级学生对朋友不诚实和不守信行为的宽容意愿最低。

第四，儿童、青少年对于老师和朋友不诚实行为与不守信行为的宽容意愿随年级的升高而发生着变化。具体而言，三个年级的小学生对老师不诚实行为的宽容意愿均高于对朋友不诚实行为的宽容意愿，而初中生和高中生对朋友不诚实行为的宽容意愿高于对老师不诚实行为的宽容意愿，小学二年级和小学四年级学生对老师不守信行为的宽容意愿高于对朋友不守信行为的宽容意愿，小学六年级、初中二年级、高中二年级学生对朋友不守信行为的宽容意愿高于对

① 谢千秋：《学生喜欢怎样的教师》，载《教育研究》，1982(2)。

老师不守信行为的宽容意愿。

表55 作为旁观者，不同年级儿童、青少年最会宽容的不诚实对象

年级	家人		老师		朋友		同学		陌生人	
	人数	频率	人数	频率	人数	频率	人数	频率	人数	频率
小学二年级	695人	65.9%	200人	19.0%	36人	3.4%	25人	2.4%	99人	9.3%
小学四年级	665人	56.5%	179人	15.2%	123人	10.4%	45人	3.8%	166人	14.1%
小学六年级	605人	52.2%	135人	11.6%	125人	10.8%	45人	3.9%	250人	21.5%
初中二年级	567人	49.4%	71人	6.2%	150人	13.1%	30人	2.6%	329人	28.7%
高中二年级	597人	52.2%	59人	5.2%	72人	6.3%	32人	2.8%	382人	33.5%
合计	3129人	55.07%	644人	11.33%	506人	8.91%	177人	3.11%	1226人	21.58%

注：该调查中，小学二年级学生有36个缺失值，小学四年级学生有20个缺失值，小学六年级学生有24个缺失值，初中二年级学生有18个缺失值，高中二年级学生有44个缺失值。频率栏计算的是首选人数占所在年级总人数的百分比

从表55中可以看出，无论处在哪一个年级的儿童、青少年，都首选家人(父母、兄弟姐妹、叔叔、舅舅等)作为最愿意宽容的不诚实群体，各年级选择比例分别是65.9%、56.5%、52.2%、49.4%、52.3%。在五类群体(家人、老师、朋友、同学、陌生人)中，五个年级的儿童、青少年无一例外地把同学作为最不愿意宽容的不诚实群体，当问及“作为旁观者你最会宽容谁的不诚实行为”时，首选“同学”的中小学生仅占该题目有效回答总人数的3.11%。与前面我们关于儿童、青少年最愿意诚实和最愿意守信群体的研究结论形成鲜明对比的是，选择最愿意宽容陌生人不诚实行为的中小学生比例在随着年级的增长而一路攀升，小学二年级占9.3%、小学四年级占14.1%、小学六年级占21.5%、初中二年级占28.7%、高中二年级占33.5%。自小学六年级之后，儿童、青少年对陌生人不诚实行为的宽容意愿已仅次于家人，选择比率跃居第二位。相对而言，孩子们对于老师和朋友不诚实行为的宽容意愿也随着年级的增长而发生了变化：三个年级的小学生对老师不诚实行为的宽容意愿高于朋友，而初中二年级、高中二年级学生对朋友不诚实行为的宽容意愿高于老师。

表 56　作为旁观者，不同年级儿童、青少年最会宽容的不守信对象

年级	家人		老师		朋友		同学		陌生人	
	人数	频率	人数	频率	人数	频率	人数	频率	人数	频率
小学二年级	665 人	62.5%	293 人	27.5%	36 人	3.4%	16 人	1.5%	54 人	5.1%
小学四年级	644 人	54.8%	195 人	16.6%	121 人	10.3%	47 人	4.0%	168 人	14.3%
小学六年级	582 人	50.3%	130 人	11.2%	145 人	12.5%	52 人	4.5%	247 人	21.4%
初中二年级	535 人	47.0%	75 人	6.6%	176 人	15.5%	21 人	1.8%	332 人	29.1%
高中二年级	600 人	52.9%	52 人	4.6%	92 人	8.1%	28 人	2.5%	362 人	31.9%
合计	3026 人	53.39%	745 人	13.14%	570 人	10.06%	164 人	2.89%	1163 人	20.52%

注：该调查中，小学二年级学生有 27 个缺失值，小学四年级学生有 23 个缺失值，小学六年级学生有 28 个缺失值，初中二年级学生有 26 个缺失值，高中二年级学生有 52 个缺失值。频率栏计算的是首选人数占所在年级总人数的百分比

从表 56 中可以看出，无论处在哪一个年级的儿童、青少年，都首选家人(父母、兄弟姐妹、叔叔、舅舅等)作为最愿意宽容的不守信群体，各年级选择比例分别是 62.5%、54.8%、50.3%、47.0%、52.9%。在五类群体(家人、老师、朋友、同学、陌生人)中，五个年级的儿童、青少年无一例外地把同学作为最不愿意宽容的不守信群体，当问及“作为旁观者你最会宽容谁的不守信行为”时，首选“同学”的中小学生仅占该题目有效回答总人数的 2.89%。儿童、青少年对陌生人不守信行为宽容意愿的年龄特征与他们对陌生人不诚实行为宽容意愿的发展趋势完全一致，选择最愿意宽容陌生人不守信行为的中小学生比例也随着年级的增长而一路攀升，小学二年级占 5.1%、小学四年级占 14.3%、小学六年级占 21.4%、初中二年级占 29.1%、高中二年级占 31.9%。到了小学六年级以后，儿童、青少年对陌生人不守信行为的宽容意愿仅次于家人，选择比率已跃居第二位。相对而言，孩子们对于老师和朋友不守信行为的宽容意愿也随着年级的增长而发生着变化：小学二年级和小学四年级学生对老师不守信行为的宽容意愿高于朋友，而小学六年级、初中二年级、高中二年级学生对朋友不守信行为的宽容意愿高于老师。

我们认为，对于儿童、青少年宽容不诚信行为对象群体的选择有四个主要影响因素，分别是学生的年龄特点、亲缘关系、情义关系、利益关系。

从年龄特点上看，小学低年级和中年级学生倾向于愿意宽容成人教育者的不诚实和不守信行为，这与他们道德判断能力发展水平较低有着直接的关系，处于这一年龄阶段的小学生还处在科尔伯格道德成长理论中的“好孩子阶段”，

宽容成人教育者的不诚实和不守信行为有助于他们从家长和老师那里获得“好孩子”之类的赞许。此外，中、低年级小学生的诚信道德评定标准比较机械、死板，对于同伴，不管对方与自己关系亲疏度如何，他们都倾向于运用相同的评定标准来要求和评价对方的诚信行为。是故，小学二年级和小学四年级学生会对朋友的不诚实与不守信行为表现出很低的宽容意愿。

从亲缘关系来讲，五个年级学生都把家人作为最会宽容的对象群体，这与中国重血缘亲情关系的文化传统有着必然的内在关联。

从利益关系来讲，我们不难发现，从小学六年级以后，选择最会宽容陌生人不诚实和不守信学生的比率在一路攀升，从小学六年级的超过 20 个百分点到初中二年级的接近 30 个百分点，再到高中二年级的超过 30 个百分点。还有一组值得关注的数据，那便是五个年级儿童、青少年中各自选择最会宽容同学的不诚实和不守信行为的学生比率。调查结果显示所有儿童、青少年中选择最会宽容的不诚实群体是同学的只占 3.11％，选择最会宽容的不守信群体是同学的仅占 2.89％。儿童、青少年宽容陌生人不诚信行为的意愿远远高于宽容同学不诚信行为的意愿，这是因为在他们看来，他们的日常学习和交往环境是由同学构成的，如果同学都表现出不诚实、不守信的不良道德行为，那么他们的各种利益必然受到潜在的威胁，为了自身利益不受到影响和破坏，他们最不能容忍周围的同学做出不诚信的行为。陌生人的不诚实与不守信行为影响儿童、青少年直接利益的可能性相对较低，所以他们也就相应地愿意宽容那些权且影响不到自己的陌生人的不诚信行为。

从情义关系上看，小学四年级、小学六年级、初中二年级学生中选择最会宽容朋友不诚实和不守信的比率都超过了百分之十。这一结果说明儿童、青少年在宽容他人不诚信行为时受到情义关系的影响，有一部分学生会愿意宽容朋友的不诚信行为。从上面两表中我们还发现，到了高中二年级，选择最会宽容朋友不诚实和不守信的学生比率明显下降，分别是 6.3％和 8.1％，这表明随着儿童、青少年道德判断能力的提高，情义因素已经不再是个体宽容他人不诚信行为的重要因素。

五、结论与建议

(一)立足于诚信人文价值与功利价值的关系视角，着力加强初、高中学生对诚信内涵的正确认识和深入理解

对诚信内涵的准确理解是儿童、青少年诚信观健康发展的首要前提。在对高中生、初中生、小学生诚信内涵认识的对比研究中，我们惊讶地发现我国儿童、青少年自小学六年级之后直到高中二年级，尽管经历了思维水平的飞速发展，但是他们对诚信内涵的理解并无显著提高，尚有两成以上的初、高中生无法对诚信的含义做出正确选择。

对初、高中生进行诚信教育，既不能满足于他们对诚信一词字面解释的机械识记，也不能拘泥于传统的“道德劝告”和“纪律规训”，而应当立足于诚信人文价值与功利价值辩证关系的视角，帮助青少年深入了解、体验、思考、实践、内化诚信道德。石中英先生提出的旨在将外在的诚信道德知识转化为内在经验反省和人格成长的诚信内涵人文教育策略，[①] 为破解青少年诚信内涵教育的难题提供了可行的进路。首先，引导青少年探寻不诚实、不守信行为的心理条件或诱因，分析这些心理条件或诱因的正当性、合理性及其与外部行为之间的关系。通过这种分析，帮助青少年学生更好地理解不诚实与不守信行为的心理过程，进而找到克服这种心理过程的条件或办法。其次，引导青少年学生深入分析讨论当不诚实或不守信行为没被发现，没有给行为主体带来消极后果的时候，不诚实或不守信行为的过错性质。最后，进一步激发青少年学生讨论日常生活中诚信品德与其他道德纲目发生冲突之际，诚信与其他道德纲目的价值排序或价值选择原则。比如对重症病患是否应当隐瞒病情，做好事不愿留真实姓名该怎么办，为了班集体利益可以说谎吗等。

(二)要特别重视小学四年级以后儿童、青少年诚信价值取向的健康发展，悉心致力于学校的诚信氛围建设

前文对全国5824名儿童、青少年诚信观的调查发现，继小学四年级之后，我国儿童、青少年对诚信价值的重视程度日趋下降。虽然小学四年级学生对于

---

① 石邦宏、石中英：《诚信教育的价值与方法》，载《人民教育》，2003(24)。

诚信价值的认同度最高，但是这种认同明显停留在简单的、表面的、形式化意义上的价值接受层面。小学四年级之后，伴随着形式运算和抽象运算能力的日渐发展，孩子们才逐步形成原则性、结构化的诚信价值观，可见小学四年级以后儿童、青少年诚信价值取向的健康发展对中小学生诚信品质的养成更加具有实质意义。

小学四年级之后，儿童、青少年形成分析诚信问题的两个新视野：其一，孩子们逐步形成了从谎言及违约行为的性质出发评判自己或他人道德行为的能力，具体表现为，随着年龄的增长，儿童对于具有积极意义的说谎行为的评价由消极变为中性或积极。大量研究发现，“在人际交往情境下，随着年龄的增长，儿童对白谎(为了避免尴尬或者伤害他人的情感而说谎)的评价越来越积极，相反对于直率真话(直率地说不喜欢某事)的评价越来越消极”①。其二，小学四年级之后，孩子们的社会学习能力明显加强，他们开始动用理性思维，以其亲历的各种诚信事件为素材，在顺应、认同和内化周围诚信文化环境的基本原则与取向的基础上，确立相对独立的个性化诚信价值观。

这样一来，对于处在小学四年级学龄段之后的儿童、青少年进行诚信价值观教育“只能引导，而不能灌输，况且道德也绝非‘美德袋’中的宝物，可以取之即用”②。在诚信价值观引导上，教育者既要明确向学生澄清何种行为才是“诚实的”“守信的”“正当的”“对的”“好的”或“高尚的”，又要引导学生在有效满足自己各种不同需要的同时，必须恪守行为的正当性原则，把“诚实守信”作为行为选择的依据。

科尔伯格通过大量实证研究发现，现实社会生活中，个人的道德决定总是个人道德能力与特定社会情境特征相互作用的结果(或者函数表达式)。对此，科尔伯格郑重提出：“在许多情况下，道德教育的最好方法是努力改进个人做出道德决定时的道德气氛。”③道德气氛不仅关涉个体的道德判断和道德决定，也是个体形成健康诚信价值观，获得积极诚信情感体验的重要中介。对于已经能够分辨谎言性质和进行诚信社会学习的青少年学生而言，良好的诚信道德气氛是他们实现诚信价值认同的重要社会心理基础。客观地说，小学四年级之

---

① 张兢兢、马凤玲、徐芬：《不同情景下小学儿童对说谎与说真话的道德评价》，载《心理发展与教育》，2007(2)。

② 陆有铨：《用“道德”的方式养成道德》，载《当代青年研究》，2008(8)。

③ [美]科尔伯格：《道德教育的哲学》，魏贤超、柯森译，杭州，浙江教育出版社，2000。

后，儿童、青少年对诚信价值的认同程度日趋下降，与他们亲身经历和体验的当下中国社会不尽如人意的诚信文化环境不无关系。如果在不同形式的社会交往活动中长期积累不良的诚信体验，那么孩子们很可能对诚信的价值萌生怀疑甚至持否定的态度。然而，诚信道德气氛建设却是一项极其复杂的系统工程，这其中既有赖于政府建立起一整套行之有效的制度性诚信奖惩安排，又涉及如何打破我国以血缘和地缘关系为纽带的传统的熟人社会结构，在公平契约的基础上，实现人与人之间的诚信交往等多方面问题。我们应当承认，学校作为社会诚信建设链条中的一个环节，它对于全社会诚信道德环境的改造具有不可或缺的启蒙作用，但其功效受多重因素的交互影响，并且也是有限的。尽管如此，在促进青少年学生诚信价值观的健康发展方面，学校教育存有可作为的空间，这是不言自明的。广大教育者应当立足于学校诚信氛围的营造，确保“整个学校系统的环境、制度、人际交往以及行为方式以一种诚信的方式运作，为学生树立起最具说服力的诚信榜样”①。教育实践已经反复证明，教育者在教育组织和实施过程中所展现的非信任和非诚信的教育行为，是对诚信教育的最大伤害。

(三)把握儿童、青少年对诚信个人价值的关注点转向个人良心诉求的教育契机，有效促成学生的诚信道德自律

随着生活经验的积累和理性思维的日渐发展，孩子们迟早会弄清一个重要的事实：“撒谎者可能会受到惩罚也可能不受到惩罚。如果谎言被揭穿了则会受到惩罚；如果谎言没有被戳穿，则不会受到惩罚。一旦孩子看穿这个事实，他们对于撒谎的害怕就会从对结果的害怕转移到对谎言被揭穿的害怕，而且也会在撒谎的前提下极力掩盖谎言。在他们看来，撒谎本身并不可怕，如果通过撒谎还能带来自己梦寐以求的利益就更不可怕，可怕的是谎言被揭穿，后果的可怕完全来自于谎言被揭穿。”②就此而言，对于不诚信行为的惩戒措施必不可少，设若揭穿谎言的社会机制不完善，抑或谎言被揭穿的损失明显小于编造谎言获得的利益，那么人们连谎言被揭穿的顾虑底线都没有了，社会诚信更将变得危机四伏。毕竟，现实生活中相当一部分人的诚信行为是必须通过行之有效的奖惩机制的严格规约才能得以保证的。但是我们确认，由对谎言被揭穿的害

---

① 鞠玉翠：《用“诚信”的方式培养诚信》，载《教育发展研究》，2012(6)。

② 石中英：《“狼来了”道德故事原型的价值逻辑及其重构》，载《教育研究》，2009(9)。

怕所引发的被迫的诚信行为既非人类的道德理想，也不是诚信教育的真正旨归。

现实社会生活中，谎言未被戳穿、不诚信行为没有招致惩罚的事例可谓俯首即是。与此同时，在许多时候，诚信品格由于不能给当事人带来有利后果，所以并没有受到“欢迎”，就更谈不上得到褒奖了。民间广为流传的“善有善报、恶有恶报”的道德金科玉律，并不能预见道德和不道德行为的真实结果，充其量“只是反映了人们心中的道德愿望——希望那些行事良善的人能够得到好的回报，期盼那些行事邪恶的人遭到恶的报应”①。有些时候，人们选择诚信、坚守道德规则是需要勇气的，因为揭穿那些不诚信的违规行为本身就要冒风险，甚至可能付出很大的代价。2008 年，解放军第一医院泌尿外科主任医师张伟在决定公开揭发三鹿奶粉中含有劣质配料(三聚氰胺)之时，只用一句话“要当不成医生，我就去医院门口卖花”，立定心志断然回绝了家人的好心劝阻。我们至今从这句对亲人的倔强回敬中，仍旧能够感受到当初张伟医生是经过了多么激烈的思想斗争，鼓起了多么强大的勇气，顶着多么巨大的风险做出一个诚信行为决定的。既然如此，现实生活中像张伟医生这样的道德勇士为什么频频出现在公众的视野里？人们为什么情愿放弃不诚信的机会成本，在不做回报预期甚至可能承受较大代价的情况下，做出诚信的行为选择？人们内心的道德律究竟是什么？可以说，揭开这个道德律秘密的同时，也就寻觅到了诚信教育的应然方向。

我们发现，古今中外的著名哲学家都不约而同地把这一道德律指向人的“良心”。洛克直截了当地说：“所谓良心就是对于自己行为的德性或堕落所抱的一种意见或判断。”②康德进一步强调良心是以“善良意志”为根据“自己对自己做出裁决的判断力”③，即“自律”。黑格尔还揭示了良心的内容，它是“善”的社会意识的内化，是在社会中“被实现了的自由”④。良心何以规约人的诚信等道德行为？康德和黑格尔都认为良心可以促使人们把向善的社会基本道德规范升华为一种精神信仰(康德将之称为“道德情感”，黑格尔将之命名为“内部的绝对确信”)。在这种精神信仰的作用下，人们对社会道德规范从思想上的“拳拳服膺”发展到行动上

① 石中英：《“狼来了”道德故事原型的价值逻辑及其重构》，载《教育研究》，2009(9)。

② [英]洛克：《人类理解论》，关文运译，北京，商务印书馆，1959。

③ [德]康德：《单纯理性限度内的宗教》，李秋零译，北京，中国人民大学出版社，2003。

④ [德]黑格尔：《法哲学原理》，范扬、张启泰译，北京，商务印书馆，1982。

的"孜孜以求"。一旦人抑制住自己的感性欲望，转而自觉按照向善的社会意识去行动时，"就会产生一种'美妙'而'庄严'的感觉，产生一种崇高的情感。当主体的所作所为与良心标准不相符合时，也就意味着对主体的价值观念体系亦即主体的精神需要和利益产生了某种实际的或可能的危害。这时，良心的不安或谴责就发生了"①。对于美妙、庄严的崇高感的向往促使人们的道德行为持续不断，而良心的不安、内疚、谴责和痛苦的罪恶感则驱使人们放弃转瞬即逝的感性贪欲，顺服向善的精神呼唤。这样，黑格尔所谓的"彻头彻尾地隐遁在自身之中"的"最深奥的内部孤独"——良心，便对人们的道德行为发生了根本的规约作用。

良心何以形成，又是怎样发展的？学者们对这一问题的争辩自古至今从未休止，但是在这些观点的交锋中，人们得出了两方面共识：其一，良心的发展需要社会因素的介入，良心是人们对社会道德规范反复实践之后形成的心理沉淀；其二，有意识地应用良心审视自身的道德行为，是个体形成道德自律的核心标志。这两方面的共识表明良心具有可教性，那么良心怎么教？"虽然现有的认识还不足以保证设计出一个非常系统完善的良心教育，但却足以引发出很多有效的措施来促进良心的发展和完善。"②

我们的调查发现，从小学六年级到高中二年级，越来越多的儿童、青少年关注诚信行为中个人良心的内在诉求，这为诚信教育提供了有利的条件和契机，教育者至少可以从四个方面来唤醒学生在诚信事件中的良心诉求：第一，通过营造公正而合理的奖惩环境引导道德发展水平较低的学生深入理解诚信道德规则的社会正义属性，这是因为人们的诚信自律起初都经历了他律的过程。第二，从社会价值理性层面引导学生站在生命过程和类存在物的角度上去理解诚信道德规则的合理性，这是因为作为良心形态的诚信道德规范本身就体现着社会的价值理性。第三，引导学生在诚信事件中，自觉地应用良心去评判、稽查自身及他人的品行，这是因为良心对个体行为的约束能否由无意识或潜意识层面上升到意识层面，是个体良心形成的重要标志。第四，当学生违背诚信道德规则之际，教育者应当及时捕捉他们的"不安""内疚""自责"等道德情感的质性变化特征，并以此为契机唤醒他们内心对于诚信道德规范的良心诉求，因为良心总是以情感的方式发生作用的。

---

① 陈新汉：《评价论视阈中的良心机制》，载《上海大学学报》(社会科学版)，2010(1)。

② 石中英、余清臣：《论良心及其可教性》，载《集美大学学报》(教育科学版)，2005(2)。

（四）正视儿童、青少年具有依血缘和感情关系亲疏程度选择个人诚信对象的诚信观发展倾向，引导他们把诚信推广成为协调全社会人际关系的普遍道德原则，在人际互动中“不分差序”地彼此践行

20世纪40年代，我国著名社会学家费孝通先生在《乡土中国》一书中，对中西方社会结构进行了系统比较，分别用差序格局和团体格局来描绘中国传统社会和西方现代社会中人与人之间关系的特点。在费孝通先生看来，在团体格局中，人与人之间的关系就像是“一捆一捆扎清楚的柴”，费先生做了这样的比喻：“西洋的社会有些像我们在田里捆柴，几根稻草束成一把，几把束成一扎，几扎束成一捆，几捆束成一挑。每一根柴在整个挑里都属于一定的捆、扎、把，每一根柴也都可以找到同把、同扎、同捆的柴，分扎得清楚不会乱的。在社会，这些单位就是团体。我说西洋社会组织像捆柴就是想指明：他们常常由若干人组成一个个的团体。”①“在同一个团体中，人际关系就像是‘柴束’中那一根根并排平行束在一起的柴枝一样，平等而简明。”②中西方学者的后续研究发现，在团体格局中，人与人之间的信任及诚信行为是超越血亲关系，以信仰共同体为基础的。在团体格局社会中，诚信可以作为一个清楚明白的行为规范，在人际互动中“不分差序”地彼此践行。

费先生把“差序格局”形容为水面上的波纹，他比喻说：“我们的格局不是一捆一捆扎清楚的柴，而是好像把一块石头丢在水面上所发生的一圈圈推出去的波纹。每个人都是他社会影响所推出去的圈子的中心。被圈子的波纹所推及的就发生联系。”③我国学者罗家德对于费孝通先生差序格局的隐喻做了进一步说明：“所谓差序格局就是以自己为中心、以亲属关系和朋友关系为经纬而形成的亲疏有致、远近有别的社会支持网络。最内层的叫作家人连带，再外层是熟人，最外层是生人，生人之外就成了陌生人。”④在差序格局社会的道德体系中，很难找到个人对团体的道德要素。美国学者韦伯提出，“中国人的信任是建立在亲戚关系或亲戚式的纯粹个人关系上面的，是一种凭借血缘共同体的家

① 费孝通：《乡土中国　生育制度》，北京，北京大学出版社，1998。

② 马戎：《“差序格局”——中国传统社会结构和中国人行为的解读》，载《北京大学学报》（哲学社会科学版），2007(4)。

③ 费孝通：《乡土中国　生育制度》，北京，北京大学出版社，1998。

④ 罗家德：《中国人的信任游戏》，《商界》（中国商业评论），2007(2)。

族优势和宗教纽带而得以形成和维续的特殊信任”①。换言之，面对不同关系层的人，中国人会建立不同的信任关系、诚信期待、行为标准和交往法则。

我们对全国5824名中小学生进行的问卷调查显示，我国儿童、青少年对于亲人持有很高的诚信意愿与诚信期待，随着年级的升高，他们对与其亲疏距离较远的对象——同学、老师、陌生人的诚信意愿和诚信期待普遍偏低。看来，“差序格局不仅存在于乡土中国，也存在于现代中国”②。在当今儿童、青少年之中，我们也依稀见到了它的影子。在社会主义市场经济迫切需要完善社会信用体系的今天，我国儿童、青少年和绝大多数公民建立在亲戚关系或亲戚式的纯粹个人关系之上的特殊信任与特殊诚信，已成为阻碍中国社会又好又快发展的掣肘。这是因为，以互惠性交换为特征的市场经济需要建立在双方共同约定、明确承诺的协商谈判和讨价还价的基础之上，如果人与人之间的诚信和信任只能发生在小范围(以个人为中心的亲戚关系)之内，那么缺乏血缘和情感基础的交换双方都可能不履行诺言、不遵守约定，这就使得互惠性交换存在较大的风险和不确定性。为了减少风险、降低不确定性，陌生人之间的互惠性交换将变得困难而又复杂，这将在一定程度上阻碍市场资源的高效流通与合理配置。在差序格局中，人们习惯于以自我为中心，把周围的人划归不同层次的“圈子”。“‘差序’就表示有轻有重、有近有远、有亲有疏、有高有低，各个层次之间的重要性是不同的，各层次是不具有平等地位的。”③在不平等的“差序格局”中，人与人之间的“互助”很可能沦为“拉关系”“走后门”，人们期待的相互关系往往是领导与服从的关系，而不是建立在互惠基础上的平等合作，这使得真正的法治态度与民主精神很难培植出来。就此而言，当下我国的道德教育肩负着一个重要的时代任务：培育新一代儿童、青少年超越血亲关系、跨越亲疏距离，在人际互动中“不分差序”地践行诚信道德规范。

需要明确的是，社会成员(包括儿童、青少年)的信任格局与诚信选择策略，是特定文化传统、制度规范与社会结构等多重因素交互作用的产物。学校教育在体现当下社会人际信任与诚信交往总体特征的同时，也有可能在长期的文化变迁、文化反思与理性自觉过程中滋生出更有助于推进社会诚信文明进程

① 李伟民、梁玉成：《特殊信任与普遍信任：中国人信任的结构与特征》，载《社会学研究》，2002(3)。

② 王绍光、刘欣：《信任的基础：一种理性的解释》，载《社会学研究》，2002(3)。

③ 马戎：《“差序格局”——中国传统社会结构和中国人行为的解读》，载《北京大学学报》(哲学社会科学版)，2007(4)。

的新的教育要素。我们认为，在改善我国儿童、青少年依血缘和感情关系亲疏程度选择个人诚信对象这一问题上，学校教育的可为之处至少在于如下两个方面：其一，在师生互动中，教育者应当率先向学生示范“利他性信任”与“道德性信任”，从而在儿童、青少年的学习和生活环境中营造出师生间、同伴间“无差序”的诚信交往氛围。“利他性信任”并非基于对他人可信度的估计，而是包含着让他人受益的意愿，即使经验无法证明对方具有很高的可信度，但是实践主体仍然愿意相信对方。“道德性信任”反映的则是一种积极乐观的人生态度，实践主体愿意对他人持有更多的信任，即使吃过一两次别人背信弃义的亏也在所不惜。教育者身体力行地在学生当中践履利他性信任与道德性信任，对于唤醒中小学生人际信任的理性自觉，导引儿童、青少年走向“不分差序”的诚信交往具有十分重要的教育影响力。其二，在学校精神文化与制度文化建设中，一方面应当清晰明确地规定对违背诚信道德规则行为的处置原则，并一视同仁地贯彻执行；另一方面应当增加组织和管理教育活动的透明度，增强教育者和受教育者对于学校各项制度本身的公正性、稳定性、可预见性的信心，从而增强教育环境中人与人之间的信任感与诚信意愿。

（五）要按照“对他”和“对己”两个范畴，在四个基本维度上逐步制订我国儿童、青少年诚信内在评价标准的一般发展常模，以常模为参照进行学校诚信教育

常模是指一定人群在测验所测特性上的普遍水平或水平分布状况，发展常模可以反映出不同年龄阶段的人群在某一心理品质上的平均水平，它既是表征儿童、青少年某个心理品质所处发展阶段的指标，也是鉴别或诊断某一个体在同龄人群中所处位置的根据。在这样一个信息丰富、交往频繁的时代里，随着年龄的增长，儿童、青少年的诚信经验必然日益丰富，不同年龄阶段儿童、青少年的诚信内在评价标准呈现出不同的现实状态和发展水平。这就要求教育者建立我国儿童、青少年诚信内在评价标准的发展常模，以便在此基础上科学确立按年龄阶段划分的发展标准，理性选择诚信教育的内容和方式。

我们前期的研究发现，儿童、青少年诚信内在评价标准的确存在着“对己”和“对他”两大范畴，并且自小学二年级到高中二年级，我国儿童、青少年均表现出“对己”诚实评定标准明显高于“对他”诚实评定标准，“对他”守信评定标准明显高于“对己”守信评定标准的发展特征。利益预期、情境约束、频率、对象是考查儿童、青少年诚信内在评价标准的四个重要指标，在方差比较分析中，

处在不同年龄阶段的中小学生前三个基本维度的平均分多数情况下呈现显著差异。这表明《儿童、青少年诚信观念调查问卷》具有较好的构念效度，清晰展现了儿童、青少年诚信内在评价标准随年级增长的变化趋势。总体而言，我国儿童、青少年诚信内在评价标准的发展趋势是：小学二年级到小学四年级明显上升；小学四年级到小学六年级缓慢下降，但是小学六年级学生平均分依然明显高于小学二年级；自小学六年级到高中二年级陡然下降，到了初中二年级，学生的平均分已明显低于小学二年级，到了高中二年级，学生的平均分跌到五个年级的最低水平。就此而言，在我国儿童、青少年诚信内在评价标准发展常模的研制中，应当特别关注小学四年级和小学六年级两个发展时段，因为前者是我国儿童、青少年诚信内在评价标准发展的高峰期，后者则是我国儿童、青少年诚信内在评价标准出现明显下滑的起始期。

制订我国儿童、青少年诚信内在评价标准的一般发展常模是一项艰巨而又复杂的工程。常模的研制，一方面对样本的代表性提出很高的要求，另一方面对相关测验的难度、区分度、构想效度、不同年龄段被试总分的分布特征等方面规定了种种测量学的天然标准。依据以往的研究经验，就难度而言，当测验中的题目难度呈梯度分布并且平均难度接近 0.5 时，该测验的难度分布才可谓理想。就区分度来说，测验的总体区分度在 0.4 以上为优秀，0.3 以上为良好，0.2 以上为尚可，小于 0.2 就较差了。常模的制订必须使不同年龄儿童在相关测验中的得分具有可比性，这就要求各年龄段被试的原始分数呈现正态分布，当原始分数分布不理想时(呈正偏态或负偏态分布)，研究者还要采用一些数据变换方式(如非线性变换)对各年龄段的数据进行正态化处理。另一个不容回避的问题是，如果研究对象的年龄跨度较大，那么测验的难度系数就很难控制：测验的问题偏易，对于年龄偏高学生的现实发展水平就无法做出有效区分；测验的问题偏难，对于年龄偏低的学生也就没有区分度可言。这就要求研究者依据研究目的，理性甄选测验工具。以获取儿童、青少年不同年级之间诚信观发展对照资料为目标的研究可以赋予区分度指标一定的弹性，以诊断同一年级不同学生个体诚信观发展水平为目标的研究则需要确立严格的难度和区分度指标。

未来的研究需要在“对他”和“对己”两个范畴，利益预期、情境约束、频率、对象等四个基本维度的基础上，依据不同的研究目标，进一步设计难度、区分度适宜的中小学生诚信观测验。这些测验的开发如果能够帮助研究者有效制订儿童、青少年诚信内在评价标准的一般发展常模，科学诊断同一年级不同学生个体诚信观发展水平，那么今后学校诚信教育的针对性和实效性必将得到明显提高。

附　录

中国儿童、青少年诚信对象研究访谈提纲

1. 排序作答

(1)在日常生活中，你更愿意对哪些人诚实(讲真话、不说谎)？请按“最愿意”到“最不愿意”排序。(在题目下边的顺序号后面写上选项的英文字母即可)

A. 家人(父母、兄弟姐妹、叔叔、舅舅等)　B. 陌生人　C. 朋友　D. 同学　E. 老师

1.　　2.　　3.　　4.　　5.

(2)你认为哪些人对你应该更诚实？请按“最该诚实”到“可以不诚实”排序。(在题目下边的顺序号后面写上选项的英文字母即可)

A. 家人(父母、兄弟姐妹、叔叔、舅舅等)　B. 陌生人　C. 朋友　D. 同学　E. 老师

1.　　2.　　3.　　4.　　5.

(3)如果有人出现了对他人的说谎行为，作为旁观者，你会对哪些人表现出宽容？请按“最会宽容”到“最不会宽容”排序。(在题目下边顺序号后面写上选项的英文字母即可)

A. 家人(父母、兄弟姐妹、叔叔、舅舅等)　B. 陌生人　C. 朋友　D. 同学　E. 老师

1.　　2.　　3.　　4.　　5.

(4)在日常生活中，你更愿意对哪些人守信(说话算数，不违约)？请按“最愿意”到“最不愿意”排序。(在题目下边的顺序号后面写上选项的英文字母即可)

A. 家人(父母、兄弟姐妹、叔叔、舅舅等)　B. 陌生人　C. 朋友　D. 同学

E. 老师

1.　　　　2.　　　　3.　　　　4.　　　　5.

(5)你认为哪些人对你应该更守信？请按“最该守信”到“可以不守信”排序。(在题目下边的顺序号后面写上选项的英文字母即可)

A. 家人(父母、兄弟姐妹、叔叔、舅舅等)　B. 陌生人　C. 朋友　D. 同学　E. 老师

1.　　　　2.　　　　3.　　　　4.　　　　5.

(6)如果有人出现了对他人的不守信行为，作为旁观者，你会对哪些人表现出宽容？请按“最会宽容”到“最不会宽容”排序。(在题目下边的顺序号后面写上选项的英文字母即可)

A. 家人(父母、兄弟姐妹、叔叔、舅舅等)　B. 陌生人　C. 朋友　D. 同学　E. 老师

1.　　　　2.　　　　3.　　　　4.　　　　5.

2. 你为什么最愿意对家人诚实/守信？

为什么最希望家人对你诚实/守信？

你认为家人会对你诚实/守信吗？

作为旁观者，你为什么最会宽容家人的不诚实/不守信行为？

3. 你在班级里/学校里有朋友吗？

你愿意对你的朋友诚实/守信吗？

你希望你的朋友对你诚实/守信吗？

你认为你的朋友会对你诚实/守信吗？

如果你发现你的朋友做出对别人不诚实/不守信的行为，你愿意宽容他吗？为什么？

4. 你愿意对你的同学诚实/守信吗？

你希望你的同学对你诚实/守信吗？

你认为你的同学会对你诚实/守信吗？

如果你发现你的同学做出对别人不诚实/不守信的行为，你愿意宽容他吗？为什么？

5. 你愿意对你的老师诚实/守信吗？

你希望你的老师对你诚实/守信吗？

你认为你的老师会对你诚实/守信吗？

如果你发现你的老师做出对别人不诚实/不守信的行为，你愿意宽容他吗？

为什么？

6. 你愿意对陌生人(一个新网友)诚实/守信吗？

你希望陌生人(一个新网友)对你诚实/守信吗？

你认为陌生人(一个新网友)会对你诚实/守信吗？

如果你发现陌生人(一个新网友)做出对别人不诚实/不守信的行为，你愿意宽容他吗？为什么？

7. 就学生上面问题作答的结果进行提问。

(1)在老师和朋友之间，你为什么更愿意对老师诚实/守信，而不是对朋友？(或者反过来)

(2)在同学和陌生人之间，你为什么宁愿对陌生人诚实/守信，而不愿意对同学诚实/守信？

(3)你为什么更愿意宽容朋友的不诚实/守信行为，而不愿意宽容老师的不诚实/守信行为？(或者反过来)

(4)你为什么更愿意宽容陌生人的不诚实/守信行为，而不愿意宽容自己同学的不诚实/守信行为？

后　记

这项研究集中了多位专家的智慧和辛勤的工作。王丹副教授主要梳理了国内外有关诚信观的前期研究成果，并按照国内、国外以及诚信测评三个专题对既往研究成果的优长和问题进行了深入分析。我本人主要负责诚信观的理论分析和问卷的编制工作，课题组还就问卷内容进行了多次研讨和改进。在理论研究中，笔者在国内外首次提出有关诚信观的新的分析结构，这一结构成为编制问卷和分析中国儿童与青少年诚信观的现状和发展特征的基本理论依据。以此为理据，笔者还提出相应的教育建议。

问卷编制之后，我们在大连、鞍山等多所中小学进行预测，其间王斌校长、孟宪玲校长、金丽红校长均给予大力支持，在此我们表示衷心的感谢。测试后的数据由刘磊副教授进行了分析处理，并依此对问卷进行了调整，使问卷达到了较高的信度、效度水平。

之后，由我、刘磊副教授、李德显教授、王丹副教授组成测试小组，到全国各地进行实地测试。这次测试没有采用委托测试的方式，而是由测试小组亲自到现场测试，这在国内的大样本测评中并不多见，这种测试方式保证了测试数据的真实可靠。在此，我们感谢辽宁省鞍山市教育局、广东省珠海市教育局、河南教育学院、甘肃省教育科学研究所、郑州市纬三路小学、郑州市中牟县小学、鞍山市钢都小学、鞍山市千山区宁远镇中心小学、兰州市畅家巷小学、定西市临洮县第一实验小学、珠海市第一实验小学、郑州市第四中学（初中部）、郑州市中牟县中学、鞍山市宝得中学、鞍山市华育中学、定西市临洮县洮阳第二中学、兰州市第十一中学、珠海市紫荆中学、郑州市第四中学（高中部)、郑州市中牟县第二高级中学、鞍山市第九中学、鞍山市第十三中学、定西市临洮县第二高级中学、兰州市第十四中学、珠海市第二高级中学等单位对本研究的大力支持！特别是辽宁省鞍山市教育局的李文奎先生、广东省珠海市教育局的钟以俊先生、甘肃省教育厅的吴亚白先生、甘肃省教育科学研究所的齐志勇先生，郑州师范学院的王北生先生以及河南教育学院的刘兴杰先生，作为我的老同学或老朋友他们对测试工作提出诸多很好的建议，并给予了无私的帮助。

测试数据获得后，由刘磊副教授带领多位博士生和硕士生对问卷数据进行了处理。这些数据成为以后分析中国儿童与青少年诚信观现状及发展特征的数据依据和基础。在此感谢这些同学做出的优异成绩和一丝不苟的工作精神。

根据测试小组获得的数据，由李德显教授对我国儿童与青少年的诚信观现状做出分析，并提出了相应的教育建议；由刘磊副教授对我国儿童与青少年的诚信观发展特征做出分析，并提出了相应的教育建议。

研究结束后，课题组曾在多个高水平学术刊物上发表了多篇研究论文，课题组核心成员按照约定共同署名分享了这些合作的研究成果。

本书是由课题组核心成员合作完成的，由我和王丹副教授主笔撰写前言和上篇，李德显教授主笔撰写中篇，刘磊副教授主笔撰写下篇，最后由我对全书进行了统编。

值得庆贺的是：该项研究的核心成果曾于 2014 年荣获大连市人民政府颁发的大连市第十五届社会科学进步奖的最高奖“特殊贡献奖”。2015 年，这一成果还荣获辽宁省人民政府颁发的第十三届哲学社会科学优秀成果一等奖，其阶段性成果曾获辽宁省人民政府颁发的第十二届哲学社会科学优秀成果二等奖 1 项，三等奖 1 项以及辽宁省第三届哲学社会科学学术年会优秀成果二等奖 1 项。围绕这个课题，研究团队在重要学术刊物上共发表论文 25 篇，产生广泛的学术影响，其研究积淀和总体水平，处于国内领先地位。该项研究成果还被辽宁师范大学出版集团出版的国家义务教育教材《品德与生活》、《品德与社会》所吸收和采纳，取得巨大的社会效益和教育效益。当然，科学研究无止境，我们要以此次专著出版为契机，再接再厉，把我国诚信教育的研究和实践推向新的高度。

最后还要特别感谢辽宁省教育厅对此次专著出版的资助，感谢北京师范大学出版社对该书出版的支持。我相信，正是他们的鼎力支持和慧眼相识，中国的学术界才有日益繁荣的今天和明天。

傅维利

2015 年 8 月 20 日